le temps retrouvé

MÉMOIRES
DE
MADAME DU HAUSSET
SUR LOUIS XV
ET
MADAME DE POMPADOUR

*Édition présentée et annotée
par Jean-Pierre Guicciardi*

MERCURE DE FRANCE

© *Mercure de France, 1985.*

AVERTISSEMENT

Les *Mémoires* de Mme du Hausset ont été publiés pour la première fois en 1809 par Quentin Craufurd (v. la note 1) sous le titre de *Journal*, dans des *Mélanges d'histoire et de littérature*. On a préféré ici un titre plus explicite.

L'authenticité de ce texte a parfois soulevé des doutes sérieux. Cependant les analyses de Pierre Gaxotte, entachées de quelques inexactitudes, ne semblent pas de nature à emporter totalement l'adhésion. Dans l'état actuel des connaissances, et en l'absence du manuscrit, on admettra que Mme du Hausset est bien l'auteur de la majeure partie de ces *Mémoires*, même si certains passages ont pu être modifiés ou ajoutés après sa mort (v. la note 115).

On ignore à quel moment l'auteur présumé de ces *Mémoires* confia à M. de Marigny (frère de Mme de Pompadour), avec qui elle était restée en relation, le manuscrit publié plus tard par Quentin Craufurd. Peut-être s'agissait-il de notes qu'il convenait de mettre au net et de corriger, ou encore de documents à utiliser dans une apologie de Mme de Pompadour, qui ne fut jamais écrite.

Cet ouvrage a été périodiquement réédité au cours du XIXe et du XXe siècle, mais dans une version souvent mutilée ou transformée selon la fantaisie d'éditeurs abusifs. Le texte publié par Quentin Craufurd a été ici scrupuleusement respecté ; l'orthographe a été modernisée, et la ponctuation est désormais conforme aux normes d'aujourd'hui. On a souhaité faire revivre pour les lecteurs modernes les silhouettes campées par l'auteur, expliquer les allusions et les sous-entendus, éclairer des situations complexes et un monde étrange, presque inimaginable de nos jours : d'où les notes nombreuses que l'on trouvera dans cette édition. On a également voulu compléter — voire nuancer ou corriger — le témoignage de Mme du Hausset par d'autres points de vue que l'on trouvera en annexe. Enfin, on s'est efforcé autant qu'il était possible de dater les anecdotes rapportées par l'auteur dans un ordre dispersé.

PRÉFACE

Depuis l'Antiquité, l'histoire (qui s'écrit) a constamment montré deux visages antagonistes. La réflexion sur le devenir de l'humanité, les grandes synthèses, les vues vertigineuses — Thucydide et Gibbon, Condorcet et Toynbee — sont généralement le fait de « philosophes » ou de penseurs qui bénéficient d'un important recul vis-à-vis de l'événement : ce qu'ils se proposent de comprendre, par-delà l'infinie diversité des apparences, c'est le *sens* que revêt la succession de sociétés aux formes politiques toujours différentes, et d'indiquer la direction, le point ultime où leurs fluctuations les portent. À l'autre extrême, il y a l'histoire anecdotique, la « petite » histoire, celle qui relate les menus faits vrais, les détails en apparence insignifiants, celle où bat en quelque sorte la pulsation concrète de la vie humaine, qui rappelle son émouvante fragilité, qui nous fait toucher du doigt la chair même des acteurs de l'histoire.

Pour opposées qu'elles paraissent, ces deux formes — réflexion philosophique et récit détaillé, intérêt pour l'allure générale et souci de l'anecdote, synthèse et analyse — sont nécessaires, elles sont complémentaires et se répondent. Mais il faut bien le reconnaître : c'est à la seconde que nous devons probablement la satisfaction la plus vive. Certes, l'exaltation d'un Volney qui dans les *Ruines* évoque la suite des empires et le majestueux écroulement des monarchies, celle aussi de Chateaubriand, aux yeux de qui la campagne romaine désertée suscite des ombres légendaires et de poignants tableaux, nous touchent profondément et sont sans doute contagieuses. Combien plus proches de nous cependant sont ces volumes de souvenirs et de mémoires où, témoin oculaire et acteur des événements qu'il rapporte, l'auteur nous permet de rencontrer au détour de chaque page des êtres humains vivants, bien vivants, des hommes et des femmes comme nous — nos semblables, nos frères, dotés de nos qualités et affligés de nos faiblesses... Ceux-là ont des espoirs et des satisfactions, des rancunes et des petitesses, ils parlent et ils agissent, ils se trompent : ils nous ressemblent. Le bonheur que nous trouvons à lire ces mémoires est au fond de la même nature que celui qu'un jour, à Venise, un homme déjà vieillissant éprouva en trébuchant sur un pavé disjoint : c'est le temps qu'ils éloignent, c'est la mort qu'ils permettent de vaincre, c'est la bouffée chaude du passé qu'ils nous jettent au visage. Ils nous font connaître d'autres existences, ils décuplent nos possibilités, ils font éclater l'impitoyable barrière que dressent à notre esprit la fragilité, l'éphémère éclat, le scintillement passager du corps humain.

Voilà pourquoi une réédition des *Mémoires* de Mme du Hausset était à la fois nécessaire et opportune. Cette discrète compagne de Mme de Pompadour a beaucoup vu, beaucoup entendu, et si elle ne dévoile pas tout ce qu'elle sait, du moins apporte-t-elle sur la cour de Versailles des années 1747-1764, sur le roi et sa vie privée, sur les ministres, les courtisans, les intrigues et le rôle omniprésent du plaisir, de précieux documents et des informations de première main. « Femme de chambre », c'est-à-dire à la fois servante, dame de compagnie et confidente de la célèbre marquise, elle a bien connu les coulisses du pouvoir et les dessous de la cour : elle a coiffé la favorite, l'a parfumée, préparée pour les dîners de gala, les « présentations » et les petits soupers ; elle a séché ses larmes, soigné ses vapeurs et ses indispositions ; elle l'a observée, occupée à amuser le roi, à combattre ennemis et rivales, à comploter la chute d'un ministre ou l'élévation d'un proche ; elle était présente lorsque, déguisée, la Pompadour se fit conter la bonne aventure ou voulut s'assurer par ses propres yeux de la beauté d'une des maîtresses du roi... Elle a entendu, de la petite pièce où elle se tenait cachée, nombre de secrets sordides et des propos politiques qu'elle ne comprenait guère ; elle s'est trouvée mêlée enfin aux manœuvres destinées à dissimuler au public les amours clandestines de Louis XV et leurs tristes conséquences. Ainsi, toute une vie secrète — on serait tenté de dire : familiale — se déroule devant nos yeux ; c'est l'envers, pas tellement inattendu, de l'existence ostentatoire et fastueuse que menaient à Versailles le roi et ses proches, membres de sa famille, aristocrates de haut rang, financiers, militaires et ministres ; c'est tout ce que d'ordinaire on cache aux étrangers, les maladies, les mensonges et le linge sale...

Il faut l'avouer, de telles confidences nous donnent parfois l'impression de coller l'œil au trou d'une serrure. Ces *Mémoires* dépassent pourtant largement le seul intérêt anecdotique que l'on serait tenté de leur prêter au premier abord : c'est qu'au fond la simple description des faits, qu'elle soit indulgente ou objective, constitue sous la plume de Mme du Hausset un extraordinaire réquisitoire contre la société produite par la monarchie absolue de la seconde moitié du XVIIIe siècle. En se bornant à rapporter avec une certaine naïveté les faits et gestes, les préoccupations et l'univers moral et matériel de l'«élite» de la société à laquelle elle appartenait par ses fonctions, Mme du Hausset dénonce un monde pourri où seuls comptent l'argent et la puissance, une corruption générale qui s'étend à tout et à tous, qui égale le roi à ses courtisans les plus vils, qui transforme marquises et duchesses en de simples filles de joie. Dans ce groupe relativement restreint, presque tous les maris sont complaisants, et nul n'irait se donner le ridicule de la jalousie ; quant aux femmes, elles ne demandent qu'à céder au roi, à monnayer leurs faveurs, à obtenir des récompenses, et la plupart estiment que le sentiment nommé *amour* est une perte de temps. C'est un univers où l'on joue sa vie et — souvenons-nous du mot de Voltaire à Mme du Châtelet — où l'on triche férocement pour gagner ; c'est un monde où l'on porte un masque, où l'on ment sans cesse, où l'on ne pense qu'à jouir jusqu'à la satiété. Un monde qui n'en finit pas de nous donner la nausée, et où la seule bouffée de fraîcheur vient d'une fille de quatre sous, pensionnaire du Parc-aux-Cerfs, prête à suivre au bout du monde, pour lui consacrer sa vie, le mystérieux «seigneur polonais» en qui elle n'a pas reconnu le Bien-Aimé... Un amour vrai, le seul peut-être.

Une telle plongée dans la fange ne peut manquer aujourd'hui de susciter de nombreuses interrogations : comment un tel univers était-il simplement *possible*? De quelle façon la pourriture a-t-elle pu gagner ainsi la tête de l'État, s'y fixer et se généraliser pour gangrener peu à peu les éléments sains et miner le royaume tout entier? Peut-on comprendre pourquoi une micro-société de privilégiés, insouciante et sordide, a persisté à danser sur le volcan sans vouloir prendre conscience de l'éruption prochaine qui devait l'emporter? Grâce aux historiens et aux mémorialistes, on distingue mieux aujourd'hui les mécanismes occultes qui fondaient l'ensemble du système et rendaient possibles son existence et son fonctionnement. Écoutons Mme du Hausset : elle a beaucoup à nous apprendre.

*

Les apparences étaient éblouissantes : dans le cadre grandiose qu'avait voulu et construit Louis XIV et que son arrière-petit-fils ne cessa de modifier, d'étendre, d'embellir, dans ce Versailles immense, glacial et vain, percé d'escaliers dérobés, de passages secrets, d'entresols accueillants, se déroulait l'existence frivole et fastueuse de milliers de courtisans et de leur clientèle. On a souvent comparé la cour à un gigantesque théâtre : chacun portait son costume et jouait son rôle, les uns couverts de dorures et de broderies, les autres exhibant leur livrée ; ici, émeraudes et diamants jetaient leurs feux, là les chasses succédaient aux bals, les fêtes nautiques aux illuminations... Sur cette extraordinaire scène, se jouaient jour après jour, et presque sans entractes, le drame de la séduction et la comédie des plaisirs, se déroulaient les intrigues, se nouaient les alliances, s'exacerbaient passions et conflits. Le rôle de l'invisible metteur en scène était tenu par l'étiquette, lentement mise au point depuis François Ier et portée à son degré de perfection par le Roi-Soleil : la plupart des gestes publics du roi et de sa famille, ceux des courtisans en représentation étaient codifiés et correspondaient à des valeurs établies, à des privilèges, à des rentes de situation qu'il était impossible de modifier sans mécontenter les uns et les autres, sans bouleverser des équilibres précaires et difficilement obtenus ; Saint-Simon a assez montré comment des actes aujourd'hui considérés comme futiles — s'asseoir sur un tabouret, donner la chemise, tenir un flambeau — pouvaient infléchir le devenir de familles entières. Théâtre donc, mais théâtre au second degré où chacun était à la fois protagoniste et spectateur, objet du regard et juge des mouvements d'autrui ; comédie aux cent actes divers où se tissaient les destinées, où s'affrontaient les clans familiaux, où les courtisans, unis en apparence par les mêmes intérêts et le même mode de vie, étaient de bon ou de mauvais gré contraints de réciter un texte qui avait été écrit avant même qu'ils ne viennent au monde.

C'est ce qui permet de comprendre qu'en réalité ces funambules du plaisir étaient profondément prisonniers du système complexe constitué sous le nom de « cour ». Soumis, comme la monarchie elle-même, aux exigences de la représentation, les courtisans savaient que le paraître fondait leur être social. Pour dorée qu'elle fût, la cour de Versailles était une cage dont ils ne pouvaient se libérer qu'à la condition de renoncer à ce qui constituait leur raison de vivre : leur nom et les valeurs qu'il véhiculait, leur rang, la fortune. En ces temps où la rente foncière était insuffisante à assurer l'existence ostentatoire des privilégiés — hôtel luxueux, carrosse, meubles et collections d'œuvres d'art, domestiques en grand nombre, vêtements et bijoux — il leur était impératif de se ménager des revenus importants et réguliers : seul le Trésor royal était à même d'assurer le versement en numéraire, soit d'un capital qui était immédiatement placé, soit de rentes parfois astronomiques. Ainsi, les nombreux acteurs qui chaque jour parcouraient les couloirs du château et les allées du parc montraient-ils tous les mêmes ambitions : toujours plus d'argent, toujours plus de pouvoir, symbolique ou non — toujours plus de jouissances et d'honneurs. Mais ce pactole ne pouvait jaillir que d'une seule source : le roi, maître des promotions et des rangs, dispensateur des pensions, ultime ordonnateur des dépenses. Ainsi avait été résolue peu à peu, du XVe au XVIIe siècle, l'épineuse question des relations du monarque avec sa noblesse : aux liens personnels établis depuis longtemps, mais qui avaient jadis permis aux féodaux de s'immiscer dans la conduite du gouvernement et de menacer la prééminence du souverain, s'était substitué un type de rapports profondément différents, assez analogues à la relation du « patron » au « client » de la Rome antique : bien qu'elle s'irritât de ce que ses théoriciens appelaient le « despotisme », la haute noblesse acceptait, sauf rares exceptions, de se taire et de se tenir éloignée des affaires, mais en échange de la caution que constituaient sa présence et son soutien, elle recevait de quoi subsister largement.

Toutefois, le Trésor lui-même n'était pas inépuisable ; il fallait bien se partager les parts du gâteau, et les privilégiés étaient loin de constituer une caste monolithique : il était donc inévitable que des conflits se produisent. Dans la réalité quotidienne, des groupes de pression s'opposaient les uns aux autres et combattaient pour leur primauté. La noblesse d'épée, noblesse ancienne, dépossédée des prérogatives qu'elle avait autrefois exercées, s'efforçait de lutter contre son lent déclin économique en poursuivant avec plus de rapacité encore la quête des prébendes et des pensions et en consentant, lorsqu'ils étaient nécessaires, à des mariages qui étaient autant de mésalliances. La noblesse récente, moins considérée — surtout la noblesse de robe, encore proche souvent de ses origines bourgeoises —, consolidait son ascension en jouant le jeu de la monarchie contre la noblesse d'épée ; c'est elle qui fournissait la plupart des cadres administratifs assurant le fonctionnement de l'État, mais c'est elle aussi qui monopolisait les sièges au parlement, foyer de l'opposition à l'absolutisme : elle menait ainsi subtilement une politique personnelle qui allait conduire au point de non-retour de 1787-1788. La bourgeoisie d'argent quant à elle, constituée de banquiers, de traitants, de spécialistes du commerce international, d'armateurs, s'impatientait de voir le monarque se servir d'elle sans pour autant l'admettre à partager un pouvoir qui, on commençait à s'en rendre compte, ne lui venait pas de Dieu, mais était le produit d'une lente évolution historique qui avait connu d'autres avatars dans les pays voisins. Enfin, en marge de ces groupes puissants apparaissaient, figures éphémères, pittoresques et fortement typées, des aventuriers tels que les Cagliostro, les Beaumarchais, et ce comte de Saint-Germain dont Mme du Hausset parle longuement et qui inexplicablement devint l'intime du roi et de la marquise. Ceux-là ne recherchaient que leur avancement personnel, mais ils brouillaient toutes les cartes, se faisaient des ennemis puissants et généralement ne tardaient pas à succomber sous le poids des hostilités coalisées.

Ces analyses permettent de mieux comprendre l'univers évoqué par Mme du Hausset et, en retour, confirment ses peintures : ce qu'elle nous décrit de sa plume légère, ce sont les coulisses, c'est ce qui se passait lorsque le rideau était retombé, lorsque les acteurs levaient le masque et se laissaient aller dans l'intimité retrouvée. Tout se traitait dans les petits cabinets, dans les alcôves du roi, dans les appartements de Mme de Pompadour. Là se négociaient les places, les prébendes, les honneurs, là s'accordaient pensions et sinécures. La centralisation monarchique était telle qu'une cinquantaine de personnes tout au plus se partageaient la faculté de proposer à l'approbation du roi nominations et promotions, et c'est ce groupe restreint de privilégiés que Mme du Hausset fait revivre devant nos yeux parce qu'elle vécut dans leur ombre ; elle servait chaque jour sa maîtresse, rencontrait le duc de Gontaut et Mme de Brancas, Choiseul et la perfide d'Estrades, croisait les ministres qui venaient faire leur cour à la marquise. Mais surtout elle voyait entrer, pour quelques minutes ou quelques heures de détente, le prestigieux personnage dont, d'une façon ou d'une autre, tout dépendait et autour de qui à Versailles, à Choisy ou Marly, toute la vie s'organisait : le roi de France.

*

La personnalité de Louis XV a suscité tant d'analyses contradictoires qu'il est devenu bien difficile d'y voir clair. De l'amas des témoignages et des portraits se dégagent cependant quelques certitudes : le roi était un être très complexe, et face à son entourage il veillait à entretenir un mystère qui était sans doute une forme de défense. Très tôt il avait été élevé en souverain absolu : il était âgé d'un an seulement à la mort de son père, le duc de Bourgogne, et de cinq ans lorsque, le 1ᵉʳ septembre 1715, Louis XIV avait disparu. Entouré de la sollicitude de toute la cour, angoissée à l'idée d'une possible maladie qui eût instauré une nouvelle vacance du pouvoir, génératrice de troubles, il avait rapidement compris que le moindre de ses caprices était une loi pour ses sujets : de là un caractère à la fois autoritaire et dissimulé, un comportement fait de colères subites, de rancunes longuement mûries, d'une majesté innée, mais aussi d'une considérable timidité et d'une étonnante patience vis-à-vis de ses familiers. Dufort de Cheverny, qui le connaissait bien, trace de lui cette esquisse : « Louis XV, dans l'intérieur, était le plus aimable et le meilleur de tous les hommes ; comme particulier, comme père de famille, il aurait été aimé, estimé, considéré. Il ne lui manquait que ce qui manque à tous les rois, c'est de s'assimiler aux autres hommes. Accoutumés, du moment où ils naissent, à des respects, à une espèce d'adoration, je crois fermement qu'ils se regardent comme au-dessus de l'espèce humaine. » Et il est de fait que dans l'imaginaire collectif, où s'ordonnait le système de représentation de la symbolique monarchique, comme sans doute dans la pensée du souverain lui-même, le roi de France — le plus grand roi de l'univers, d'après ses sujets — était doté d'un triple corps : son corps historique (matériel) était inséparable d'un corps juridique (politique) et d'un corps sacramentel (sémiotique). D'où l'horreur sincère et immédiate qui saisit le pays entier à l'annonce de l'attentat de Damiens : plus qu'un régicide qui aurait pu n'avoir qu'une signification politique, le geste du déséquilibré fut ressenti comme un parricide qui n'était pas dénué de connotations sacrilèges. Louis Marin, qui a mené cette analyse, a montré comment, bardé de croix et de plaques, environné de luxe, sans cesse escorté de soldats et de courtisans, le roi n'apparaissait qu'en majesté, réalisant ainsi l'absolu du pouvoir qui n'est pas d'*user* de sa force, mais de la posséder et de la montrer. Il avait la faculté de « toucher les écrouelles » et, croyait-on, de les guérir ; il pouvait aussi, sur une simple signature, faire enfermer l'un de ses sujets, exiler ses parlementaires, renvoyer un ministre, destituer un « haut fonctionnaire »...

Pourtant cet homme puissant, admiré et craint était affligé d'une extrême irrésolution, qui n'était pas incompatible avec son autoritarisme : il doutait souvent, de lui-même et des autres. Persuadé que les rois sont mal informés et que leur entourage de ministres et de courtisans leur cache la réalité politique et sociale, Louis XV était obsédé de l'idée d'être trompé ou mal servi : d'où son goût pour les procédures tortueuses, le secret, l'utilisation d'agents doubles, le viol des correspondances privées. S'il aimait l'exercice du pouvoir, la politique probablement l'ennuyait. Non qu'il s'en désintéressât : il faisait face à ses responsabilités, présidait quotidiennement le conseil, recevait ministres et ambassadeurs, écrivait beaucoup dans la solitude de son cabinet ; mais il éprouvait aussi un très profond besoin de quitter l'uniforme, de laisser apparaître *l'homme* qu'il était également. C'est pourquoi il veilla toujours à préserver des oasis de plaisirs dans un désert de devoirs et d'obligations. Progressivement, il en vint à considérer que sa véritable existence, celle du moins qui lui apportait les satisfactions les plus immédiates et les plus profondes, se déroulait loin des regards du public, au milieu des quelques familiers qu'il avait choisis et dont il ne redoutait ni le jugement — qui ne pouvait l'atteindre — ni l'hostilité. Ceux-là le comprenaient d'un geste, se prêtaient à ses caprices, riaient de ses mots féroces. Celles-là ne se montraient pas farouches...

Les relations de Louis XV avec les femmes sont connues et ont été mille fois racontées de façon plus ou moins heureuse ; c'est à cette question que Mme du Hausset consacre certaines de ses meilleures pages. Le roi était un incontestable Bourbon : il avait hérité de son célèbre ancêtre un goût prononcé pour les amours changeantes et un métabolisme élevé en matière de sexe. Pour assurer l'avenir de la dynastie, il avait été marié à quinze ans, mais avait d'abord été parfaitement fidèle à Marie Leszczynska qu'il trouvait fort belle. En ces temps où les moyens contraceptifs n'étaient guère répandus, une telle fidélité avait son revers : durant les douze premières années de son mariage, la reine fut enceinte en tout pendant quatre-vingt-dix mois et donna naissance à dix enfants, dont huit filles. On comprend sa célèbre réflexion, peut-être apocryphe : « Hé donc ! toujours coucher, toujours grosse, toujours accoucher... » Il n'est pas très étonnant qu'elle ait fini par interdire sa chambre au roi. Passé le premier moment d'irritation et de chagrin, le mari repoussé jeta les yeux autour de lui. Comme sous Henri IV, comme sous Louis XIV et comme durant la régence, de nombreuses femmes se pressaient à la cour, certaines très attirantes, et pour la plupart prêtes à tout. Louis était roi, il était, disait-on, le plus bel homme de son royaume, et, comme l'écrit Mme du Hausset, « il était bien persuadé que toutes les femmes céderaient au moindre désir qu'il daignerait manifester. Il trouvait donc tout simple qu'on l'aimât ». C'est ainsi que, bientôt, Louis XV — il avait vingt-sept ou vingt-huit ans — se consola de son infortune conjugale dans les bras de Louise de Mailly, la première des cinq « sœurs de Nesle », avant de « déclarer » l'altière Mme de Châteauroux, puis Mme de Pompadour...

Toutefois, la possession d'une maîtresse officielle, reçue à la cour et logée au château, ne pouvait suffire à satisfaire les fantasmes de puissance du souverain, et si le règne de la marquise dura vingt ans, il ne fut pas sans partage. Entre une audience et une réunion du conseil, après son dîner ou avant la chasse, presque chaque jour le roi disparaissait discrètement pour gagner le Parc-aux-Cerfs ou les petits appartements que, près de la chapelle, il avait réservés à ses débauches. Débauches ? même pas, probablement, tant les documents s'accordent à nous laisser penser que pour lui la chair était triste et les défaillances fréquentes. N'importe : au fil des ans

Préface 21

son besoin de conquêtes nouvelles ne tarissait pas, et il était inévitable que son entourage cherchât à exploiter cette faiblesse. Louis XV, qui était avare quand il s'agissait de sa fortune personnelle, n'hésitait pas à prélever de fortes sommes sur le Trésor pour quelques étreintes décevantes ou sans lendemain, à telle enseigne que très vite les femmes qu'il courtisait prirent l'habitude de négocier âprement leur reddition : ainsi se développa un climat général de corruption et de concussion qui s'accommodait à merveille de l'immoralité partagée par nombre d'aristocrates de haut rang, depuis longtemps sceptiques (ou en secret athées) et pour qui la volupté comptait davantage que l'attachement aux valeurs anciennes. Il va de soi cependant que cette idéologie « moderne » n'était reçue qu'à Versailles et à Paris, et que les nobles de province, appauvris et dépassés, jugeaient fort sévèrement des pratiques qui transformaient la cour en une sorte de sérail réservé à la luxure du prince et de ses proches.

Certes, l'usage d'une maîtresse « déclarée » était à peu près admis en France, où l'on pensait qu'il s'agissait au fond d'une prérogative royale parmi d'autres — et on a vu que bien des courtisans ne se privaient pas d'imiter le souverain ! Mais Mme de Pompadour, elle, fut couverte de boue par les contemporains qui ne comprenaient pas qu'une petite bourgeoise pût être admise à la cour et dût être saluée par des hommes et des femmes dont la généalogie remontait parfois aux croisades. « Née, comme tout le monde sait, dans la classe la plus infime, elle était fille d'un nommé Poisson, personnage crapuleux et bas, et boucher des Invalides. Sa mère était une des femmes les plus dévergondées qu'il soit possible de voir, sans frein, sans pudeur. Après avoir trafiqué de ses charmes, elle avait compté sur ceux de sa fille, et à force de lui répéter qu'elle était un morceau de roi, lui avait inspiré le désir d'être maîtresse du monarque. » Ces propos de Bouffonidor *(Fastes de Louis XV)* sont assez caractéristiques de l'opinion moyenne des aristocrates au moment de la découverte de l'intrigue qu'elle menait en secret avec le roi. Le peuple qui la détestait ouvertement fut plus direct, comme en témoigne cette épitaphe féroce qui courut tout Paris à la mort de la marquise en 1764 :

> « *Ci-gît qui fut quinze ans pucelle,*
> *Vingt ans catin,*
> *Puis huit ans maquerelle !* »

La réalité est évidemment plus nuancée que ne le veulent ces simplifications hostiles : s'il est incontestable que Louise-Madeleine Poisson, mère de Mme de Pompadour, fut une femme légère, François Poisson quant à lui était d'origine bourgeoise et servit d'auxiliaire à ces grands financiers que furent les frères Pâris. Rien ne destinait d'abord Jeanne-Antoinette à l'extraordinaire destin qui fut le sien. Pour comprendre son ascension, sans doute faut-il admettre que son père véritable ne fut pas le mari de sa mère, mais l'un de ses amants, le financier Lenormand de Tournehem : c'est lui qui fit élever Jeanne-Antoinette en princesse, et qui lui donna les maîtres capables d'exploiter et de porter à maturité les dons réels que la jeune fille portait en elle ; au moment où, à vingt ans, elle fut mariée au neveu de Lenormand, un jeune homme alors assez incolore, elle brillait par l'intelligence et l'à-propos et était en train de devenir l'une des étoiles du Paris mondain. Elle gravait et dessinait à merveille, chantait, savait danser et jouer la comédie. Enfin elle était fort belle si l'on en croit son portrait par Boucher et le témoignage de Dufort de Cheverny : « Mlle Poisson, femme

Lenormand d'Étiolles de Pompadour, que tout homme aurait voulu avoir pour maîtresse, était d'une grande taille de femme, sans l'être trop. Très bien faite, elle avait le visage rond, tous les traits réguliers, un teint magnifique, la main et le bras superbes, des yeux plus jolis que grands, mais d'un feu, d'un spirituel, d'un brillant que je n'ai vus à aucune femme. Elle était arrondie dans toutes ses formes, comme dans tous ses mouvements. »

Pourtant, toutes ces qualités eussent été insuffisantes à séduire le roi — qui avait à repousser bien d'autres tentations — si Jeanne-Antoinette n'avait été délibérément jetée dans ses bras. À moins de découvertes nouvelles dans les archives, nous ne saurons jamais exactement quels furent les événements qui poussèrent l'un vers l'autre Louis XV et la jeune femme : les hypothèses les plus plausibles penchent pour un « complot », ourdi sans doute par un groupe de financiers et dont la future marquise fut l'instrument, inconscient ou pas. Déjà Mme de Prie, maîtresse du duc de Bourbon, était fille d'un riche financier ; les sœurs de Nesle étaient liées à des fermiers généraux. Une fois au pouvoir, Mme de Pompadour fréquenta régulièrement Pâris de Montmartel et Pâris-Duverney, fit de son mari répudié un fermier général, lia par mariage de nombreux membres de sa famille à des traitants, brassa d'énormes sommes et investit elle-même des parts dans le capital de la Ferme générale. Par un système complexe de cautionnements, par le jeu des parrainages et des protections, des amitiés et des services rendus, elle se trouva rapidement au centre d'un « clan » nombreux qui, outre les hommes d'affaires que l'on vient d'évoquer, était composé de ses amies de cœur — Mme d'Amblimont, Mme de Château-Renaud, Mme de Brancas — et de la clientèle de quelques ministres dont elle avait favorisé l'élévation : Machault, Belle-Isle, Bernis, Choiseul. Ainsi peut-on estimer qu'elle fut à la fois le produit et le moyen de l'ascension de tout un groupe, ascension entamée depuis longtemps, et qui témoigne d'un mouvement de fond : c'est la tentative ultime effectuée par la bourgeoisie d'argent pour *prendre* le pouvoir en s'intégrant aux couches supérieures de la société, en s'alliant avec certains très grands seigneurs dont la mentalité les portait à évoluer avec leur temps. L'espoir de ce clan s'effondra progressivement, d'abord avec la disparition prématurée de Mme de Pompadour et l'éclatement de son groupe, ensuite avec la réaction nobiliaire du règne de Louis XVI. La stratégie de la classe montante fut alors radicalement modifiée, et devint la politique du pire de la décennie 1780 : on sait ce qu'il en advint.

*

Contrairement à bien d'autres mémoires des XVIIe et XVIIIe siècles où la personnalité, le caractère et la culture de l'observateur revêtent une importance capitale, les souvenirs de Mme du Hausset pourraient être anonymes sans que cette absence de l'auteur modifiât beaucoup notre façon de les lire aujourd'hui. Pendant un siècle et demi, on a d'ailleurs tout ignoré de cette femme plutôt falote, et ce que l'on a appris depuis grâce à des documents d'archives reste mince et n'éclaire que bien peu ce qui nous intéresse au premier chef : ce qu'elle pensait elle-même de ses fonctions et du milieu dans lequel elle était contrainte de vivre. Nicole du Hausset, fille — roturière ! — d'un tanneur de province, fut bien vite orpheline de père et connut peu sa famille qu'elle quitta pour entrer au couvent. Elle eut la chance d'épouser un petit aristocrate, médiocre officier qui lui donna quatre enfants avant de mourir. Une telle alliance lui permet dans ses *Mémoires* de parler abusivement de sa «naissance»... et lui donna surtout l'occasion d'entrer au service de Mme de Pompadour, qu'elle avait peut-être connue dans sa jeunesse, alors qu'elles n'étaient toutes deux que des petites filles jouant sur le pavé des Invalides. Silencieuse, active, prompte à rendre des services et, un siècle avant les maîtres d'hôtel de Meilhac et Halévy, à «fermer les yeux», Mme du Hausset était femme de chambre dans l'âme : elle écoutait, observait, voyait tout et ne répétait rien. Elle était dévouée, savait agir sans bruit, ne reculait devant aucune besogne; elle acceptait de porter des billets, comprenait à demi-mot, se mêla de liaisons secrètes et de naissances clandestines. Qu'elle ait aimé sa maîtresse et lui ait été fidèle est incontestable; il est moins sûr qu'elle ait toujours jugé favorablement les manœuvres et les intrigues de la favorite, le rôle d'entremetteuse de cette dernière, son recours constant aux hommes de l'ombre : Berryer, Lenoir, Sartine, Jannel, spécialistes des coups bas, de l'espionnage des vies privées et du viol des consciences. Mais il est bien difficile d'approcher de très près le pouvoir réel sans se salir un peu les mains...

Cette femme pourtant, la postérité doit l'imaginer assise, le soir, à son secrétaire, la quarantaine atteinte et jolie encore malgré ses quatre maternités. Elle note au jour le jour, pour elle-même d'abord, peut-être aussi pour quelques amis choisis — le docteur Quesnay, M. de Marigny, frère de la favorite — ce qu'elle a vu et entendu, ce qu'elle a deviné parfois, rarement ce qu'elle a pensé. Elle tente de faire revivre par la plume l'éphémère brillant d'un regard, une inflexion de la voix, la pirouette d'un grand seigneur, la mine gracieuse de Louis XV lorsqu'il veut reconnaître un service. C'est grâce à elle que nous en savons un peu plus sur ce qui nous émeut encore aujourd'hui, car cette rencontre d'un roi et de la femme belle, intelligente et douée qu'était Mme de Pompadour, ce fut la formation d'un couple. Par-delà les manœuvres, les intrigues, le souci de l'argent et la volonté de dominer, il y eut aussi cela : vingt ans de vie commune, des habitudes, des souvenirs partagés, le contact de deux épidermes, deux bras refermés sur le corps de l'autre. Sur quels compromis, sur quelles concessions était construit l'équilibre de ce couple ? Il est probable que nous ne saurons jamais tout à fait quelles étaient les relations *réelles* de cet homme et de cette femme, une fois refermées les portes et retrouvée leur intimité, quelle était la qualité des sentiments que se portaient ces deux êtres exceptionnels. Les historiens ont dit beaucoup de mal de Louis XV et de sa vie privée, de sa dissimulation, de son besoin de tromper. Mme du Hausset nous montre ici une autre vérité, sans doute aussi justifiée que celle qui est généralement reçue : le roi avait une sensibilité à fleur de peau, il était ému aux larmes par l'amour de sa maîtresse, il était capable des plus grandes délicatesses, se révélait enfin jaloux des amants que l'on prêtait à Mme de Pompadour avant qu'il ne la connût.

C'est cette ambiguïté des êtres, ce sont ce nouvel éclairage des personnalités, cette spontanéité du témoignage, qui font tout l'intérêt des *Mémoires* de Mme du Hausset. Il ne s'agit pas d'une réhabilitation du roi, mais d'un utile recentrage des perspectives, analogue à celui dont témoignent les *Mémoires* de Dufort de Cheverny, qui seul décrit le dernier adieu donné par le royal amant à sa compagne tant admirée et tant haïe : « Enfin le jour de l'enterrement de la marquise arriva. Le roi, par les ordres de qui tout se faisait, savait l'heure. Il était six heures du soir, en hiver, et par un temps d'ouragan épouvantable. La marquise avait par son testament demandé à être enterrée aux Capucins, place Vendôme, où elle avait arrangé un superbe appartement. Le roi prend Champlost par le bras ; arrivé à la porte de glace du cabinet intime (donnant sur le balcon qui fait face à l'avenue de la cour), il lui fait fermer la porte d'entrée, et se met avec lui en dehors sur le balcon. Il garde un silence religieux, voit le convoi enfiler l'avenue et, malgré le mauvais temps et l'injure de l'air auxquels il paraissait insensible, il le suit des yeux jusqu'à ce qu'il perde de vue tout l'enterrement. Il rentre alors dans l'appartement ; deux grosses larmes coulaient encore le long de ses joues, et il ne dit à Champlost que ce peu de mots : "Voilà les seuls devoirs que j'aie pu lui rendre !", paroles les plus éloquentes qu'il put prononcer dans cet instant. »

Conservons cette image : deux précieuses gouttes de pluie arrachées à l'orage et à la solitude, dérobées à la raison d'État et à la mesquinerie de la cour, c'est à la fois peu et beaucoup pour saluer la fin d'un amour, pour refermer les pages d'une belle aventure commencée vingt ans plus tôt, et qui ne pouvait se clore que sous les grandes orgues de la tourmente et dans la dignité du silence.

JEAN-PIERRE GUICCIARDI

MÉMOIRES SUR LA COUR DE LOUIS XV[1]

Une de mes amies de couvent qui s'est mariée avantageusement à Paris, et qui jouit de la réputation de femme d'esprit, m'a souvent priée d'écrire ce que je savais journellement ; et, pour lui faire plaisir, j'avais fait de petites notes en trois ou quatre lignes chacune, pour me rappeler un jour les faits intéressants ou singuliers, comme *Le roi assassiné, Départ ordonné par le roi à Madame, M. de Machault ingrat*, etc. Je promettais toujours à mon amie de mettre tout cela en récit. Elle me parla des *Souvenirs* de Mme de Caylus[1], qui cependant n'étaient pas encore imprimés, et me pressa tant de faire un pareil ouvrage que, profitant de quelques moments de loisir, j'ai écrit ceci, que je compte lui donner pour y mettre de l'ordre et du style.

*

J'ai été longtemps auprès de Mme de Pompadour[2] et ma naissance me faisait traiter avec un peu de distinction par elle et par des personnes considérables qui me prirent en affection[3]. J'étais devenue en peu de temps l'amie du docteur Quesnay[4], qui venait souvent passer deux ou trois heures chez moi. Il recevait chez lui des personnes de tous les partis, mais en petit nombre, et qui toutes avaient une grande confiance en lui. On y parlait très hardiment de tout ; et, ce qui fait leur éloge et le sien, jamais on n'a rien répété. Mme la Comtesse D... venait me voir aussi ; c'était une personne vive et franche, et aimée de Madame. La famille de Baschi[1] me faisait sa cour. M. de Marigny avait reçu quelques services de moi dans les querelles assez fréquentes du frère et de la sœur, et il avait pris de l'amitié pour moi[2]. Le roi avait pris l'habitude de me voir, et un accident que je rapporterai l'avait rendu familier avec moi ; il ne se gênait point pour parler quand j'entrais dans la chambre de Madame. Pendant les maladies de Madame, je ne quittais presque pas sa chambre, et je passais les nuits auprès d'elle.

Quelquefois, mais rarement, j'ai voyagé dans sa voiture avec le docteur Quesnay, à qui elle ne disait pas quatre paroles, quoique ce fût un homme d'un grand esprit. Madame, quand j'étais seule avec elle, me parlait de plusieurs choses qui l'affectaient et me disait : « Le roi et moi comptons si fort sur vous que nous vous regardons comme un chat, un chien, et nous allons notre train pour causer. »

Il y avait un petit endroit, près de la chambre de Madame, qui a été depuis changé, où elle savait que je me tenais quand j'étais seule, et d'où l'on entendait ce qui se disait pour peu qu'on élevât la voix. Mais lorsque le roi avait à lui parler particulièrement, ou à quelque ministre, il passait avec elle dans un cabinet à côté de la chambre, et elle aussi pour ses affaires secrètes avec les ministres ou autres personnages importants, tels que le lieutenant de police, l'intendant des postes, etc.

Toutes ces circonstances m'ont mise à portée de savoir beaucoup de choses, et un grand nombre que la probité ne me permet ni d'écrire ni de raconter. J'ai écrit, la plupart du temps, sans ordre de date, et un fait en précède d'autres qui l'ont précédé.

*

Madame a eu de l'amitié pour trois ministres: le premier, M. de Machault[1], à qui elle avait l'obligation d'avoir fait régler son traitement et payer ses dettes. Elle lui fit donner les Sceaux, et il resta le premier dans son affection jusqu'à l'assassinat du roi[2]. Beaucoup de gens ont prétendu qu'on ne devait pas imputer à mauvaise intention sa conduite en cette occasion, qu'il avait cru devoir obéir au roi sans rien mettre du sien, et que ses manières froides le faisaient souvent soupçonner d'une indifférence qui n'était pas dans son cœur. Madame le vit sous l'aspect d'un ami infidèle, et il faudrait entendre les deux. Peut-être, sans l'abbé de Bernis, M. de Machault serait-il resté.

Le second ministre que Madame avait affectionné est l'abbé de Bernis; elle s'en dégoûta bien vite, lorsque l'abbé parut avoir perdu la tête[3].

Il en donna une preuve bien singulière la surveille de son renvoi. Il avait prié plusieurs personnes considérables à un nombreux festin qui devait avoir lieu le même jour qu'il reçut sa lettre d'exil, et il avait mis dans les billets d'invitation: « M. le comte de Lusace en sera. » C'était le frère de Mme la dauphine[4], et cette phrase fut avec raison trouvée impertinente. Le roi dit fort bien à cette occasion: « Lambert et Molière en seront. » Elle ne parla presque jamais du cardinal depuis son départ de la cour. Il était ridicule, mais il était bon homme. Madame Infante[5] était morte peu de temps auparavant, et, par parenthèse, réunissant tant de maladies putrides et malignes que ceux qui l'ensevelirent, et des capucins qu'on fit venir pour la porter, ne pouvaient soutenir l'infection. Ses papiers n'avaient pas paru plus purs aux yeux du roi. Il vit que l'abbé de Bernis était en intrigue avec elle, et qu'on l'avait joué pour le chapeau de cardinal, qu'elle avait fait accorder en abusant de son nom. Le roi avait été si indigné qu'il pensa lui refuser la barrette, et il la lui remit comme on jette un os à un chien[1].

M. de Bernis avait toujours eu l'air d'un protégé de Madame. Elle l'avait vu dans la misère exactement. Il n'en fut pas de même de M. de Choiseul[2] ; sa naissance, son ton, ses manières le faisaient considérer, et il avait su gagner les bonnes grâces de Madame bien plus que tout autre. Elle le regardait comme un des plus grands seigneurs de la cour, le plus grand ministre et l'homme le plus aimable. M. de Choiseul avait une sœur et une femme[3] qu'il avait introduites chez Madame, et qui l'entretenaient dans ses bons sentiments pour lui. Elle ne vit plus que par ses yeux depuis que ce ministre fut en place ; il savait amuser Madame, et il avait des manières très aimables pour les femmes.

*

Il y avait deux personnes, le lieutenant de police et l'intendant des postes[4], qui avaient grande part à la confiance de Madame ; mais ce dernier était devenu moins nécessaire, parce que le roi avait fait communiquer à M. de Choiseul le secret de la poste, c'est-à-dire l'extrait des lettres qu'on ouvrait, et que n'avait pas eu M. d'Argenson[5] malgré toute sa faveur. J'ai entendu dire que M. de Choiseul en abusait et racontait à ses amis les histoires plaisantes, les intrigues amoureuses que contenaient souvent les lettres qu'on décachetait. La méthode, à ce que j'ai entendu dire, était fort simple. Six ou sept commis de l'hôtel des Postes triaient les lettres qu'il leur était prescrit de décacheter, et prenaient l'empreinte du cachet avec une boule de mercure ; ensuite on mettait la lettre, du côté du cachet, sur un gobelet d'eau chaude qui faisait fondre la cire sans rien gâter ; on l'ouvrait, on en faisait l'extrait, et ensuite on la recachetait au moyen de l'empreinte[1]. Voilà comment j'ai entendu raconter la chose. L'intendant des postes apportait les extraits au roi le dimanche. On le voyait entrer et passer comme les ministres pour ce redoutable travail. Le docteur Quesnay, plusieurs fois devant moi, s'est mis en fureur sur cet *infâme* ministère, comme il l'appelait, et à tel point que l'écume lui venait à la bouche. « Je ne dînerais pas plus volontiers avec l'intendant des postes qu'avec le bourreau », disait le docteur. Il faut convenir que, dans l'appartement de la maîtresse du roi, il est étonnant d'entendre de pareils propos ; et cela a duré vingt ans sans qu'on en ait parlé. « C'était la probité même qui parlait avec vivacité, disait M. de Marigny, et non l'humeur ou la malveillance qui s'exhalait. »

M. le duc de Gontaut[2] était beau-frère et ami de M. de Choiseul, et il ne quittait pas Madame. La sœur de M. de Choiseul, Mme de Gramont, et sa femme étaient également assidues auprès d'elle. Qu'on juge d'après cela de l'ascendant de M. de Choiseul, que personne n'aurait osé attaquer[3] !

Cependant le hasard me fit découvrir une correspondance secrète du roi avec un particulier des plus obscurs. Cet homme, qui avait un emploi aux fermes générales de cinq à six mille livres, était parent d'une demoiselle du Parc-aux-Cerfs qui l'avait recommandé au roi. Il s'était lié aussi avec le comte de Broglie, dans qui le roi se confiait[4] ; mais, las de voir que sa correspondance ne lui valait point d'avancement, il prit le parti de m'écrire et de me demander un rendez-vous, auquel je consentis après en avoir instruit Madame[5]. Cet homme me dit avec un ton de franchise, après beaucoup de préambules de politesses et de flatteries pour moi : « Pouvez-vous me donner votre parole, et celle de Mme de Pompadour, qu'il ne sera point parlé au roi, par elle, de ce que je vais vous dire ? — Je crois pouvoir vous assurer, lui dis-je, qu'en demandant cette condition à Madame, si cela n'est point contraire au service du roi, elle la tiendra. » Il me donna sa parole que cela n'aurait aucun inconvénient, et alors je l'écoutai.

Il me montra divers mémoires contre M. de Choiseul, qu'il consentit à me remettre, et il me révéla plusieurs circonstances relatives aux secrètes fonctions du comte de Broglie, mais qui portaient plutôt à conjecturer qu'à être assuré du rôle qu'il jouait auprès du roi. Enfin il me montra plusieurs lettres de la main du roi. « Je demande, dit-il, que Mme la marquise me fasse donner une place de receveur général des finances, je l'instruirai de ce que je manderai au roi ; j'écrirai d'après ses instructions, et lui remettrai les réponses. » Respectant ce qui venait du roi, je ne me chargeai que des mémoires.

Madame m'ayant donné sa parole, suivant les conventions que j'avais faites, je lui révélai le tout. Elle remit les mémoires à M. de Choiseul, qui les trouva bien malicieusement et bien habilement écrits. Madame et M. le duc de Choiseul conférèrent longtemps sur ce qu'il fallait répondre à la personne, et voici ce que je fus chargée de dire : qu'une place de receveur général était, pour le moment, trop considérable et ferait trop de sensation ; qu'il fallait se borner à une place de quinze à vingt mille livres de produit ; qu'on ne prétendait point pénétrer dans les secrets du roi, et que sa correspondance ne devait être communiquée à personne ; qu'il n'en était pas de même des mémoires qui pouvaient lui être remis, et qu'on lui saurait gré d'en faire part, pour mettre à portée de parer des coups portés dans les ténèbres, et dirigés par la haine et l'imposture.

La réponse était honnête et respectueuse relativement au roi, mais était propre à déjouer le comte de Broglie, en faisant connaître à M. de Choiseul ses attaques et les armes dont il se servait. C'était le comte qui lui remettait des mémoires sur la guerre et la marine, tandis qu'il se réservait les affaires étrangères, qu'il traitait directement, disait-on[1]. M. de Choiseul fit recommander au contrôleur général, sans paraître, l'homme qui m'avait parlé; il eut l'emploi convenu, en espéra un plus considérable, et me confia la correspondance du roi, dont je lui dis que je ne parlerais pas à Madame, d'après ses intentions. Il envoya plusieurs mémoires à M. de Choiseul, adressés contre lui au roi; et cette communication le mit à portée de les réfuter victorieusement.

Le roi se plaisait à avoir de petites correspondances particulières, que Madame très souvent ignorait; mais elle savait qu'il en avait: car il passait une partie de sa matinée à écrire à sa famille, au roi d'Espagne, quelquefois au cardinal de Tencin[2], à l'abbé de Broglie[3], et aussi à des gens obscurs. «C'est avec des personnes comme cela, me dit-elle un jour, que le roi sans doute apprend des termes dont je suis toute surprise. Par exemple il m'a dit hier, en voyant passer un homme qui avait un vieil habit: *Il a là un habit bien examiné*. Il m'a dit une fois, pour dire qu'une chose était vraisemblable: *Il y a gros*. C'est un dicton du peuple, à ce que l'on m'a dit, qui est comme *il y a gros à parier*.» Je pris la liberté de dire à Madame: «Mais ne serait-ce pas plutôt des demoiselles qui lui apprennent ces belles choses?» Elle me dit en riant: «Vous avez raison, *il y a gros*». Le roi, au reste, se servait de ces expressions avec intention, et en riant.

*

Le roi savait beaucoup d'anecdotes, et il se trouvait assez de gens pour lui en dire de mortifiantes pour l'amour-propre. Un jour, il entra à Choisy dans une pièce où l'on travaillait à un meuble brodé, pour voir où l'on en était; et, ayant regardé à la fenêtre, il vit, au bout d'une grande allée, deux hommes en habit de Choisy. Il dit: «Qui sont ces deux seigneurs?» Madame prit la lorgnette et dit: «C'est le duc d'Aumont[1] et... — Ah! dit le roi, le grand-père du duc d'Aumont serait bien étonné s'il pouvait voir son petit-fils bras dessus bras dessous avec le petit-fils de son valet de chambre L.... en habit qu'on peut dire *à brevet*[2].» Là-dessus, il raconta une grande histoire à Madame, qui prouvait la vérité de ce qu'il disait.

*

Le roi sortit pour aller à la figuerie avec Madame, et bientôt après entra Quesnay, ensuite M. de Marigny. Je parlai avec mépris de quelqu'un qui aimait beaucoup l'argent, et le docteur, s'étant mis à rire, dit: «J'ai fait un drôle de rêve cette nuit. J'étais dans le pays des anciens Germains; ma maison était vaste, et j'avais des tas de blé, des bestiaux, des chevaux en grand nombre, et de grands tonneaux pleins de cervoise; mais je souffrais d'un rhumatisme, et ne savais comment faire pour aller à cinquante lieues de là, à une fontaine dont l'eau me guérirait. Il fallait passer chez un peuple étranger. Un enchanteur apparut, et me dit: "Je suis touché de ton embarras: tiens, voilà un petit paquet de poudre de *perlimpinpin*; tous ceux à qui tu en donneras te logeront, te nourriront, et te feront toutes sortes de politesses."

Je pris la poudre et je le remerciai bien. — Ah! comme j'aimerais la poudre de *perlimpinpin*! lui dis-je; j'en voudrais avoir plein mon armoire. — Eh bien! dit le docteur, cette poudre, c'est l'argent que vous méprisez. Dites-moi, de tous ceux qui viennent ici, quel est celui qui fait le plus d'effet? — Je n'en sais rien, lui dis-je. — Eh bien! c'est M. de Montmartel[1], qui vient quatre ou cinq fois l'an. — Pourquoi est-il considéré? — Parce qu'il a des coffres pleins de poudre de *perlimpinpin*.» Il tira quelques louis de sa poche: «Tout ce qui existe est renfermé dans ces petites pièces, qui peuvent vous conduire commodément au bout du monde. Tous les hommes obéissent à ceux qui ont cette poudre, et s'empressent de les servir. C'est mépriser le bonheur, la liberté, les jouissances de tout genre, que mépriser l'argent.»

Un cordon bleu[2] passa sous les fenêtres, et je dis: «Ce seigneur est bien plus content de son cordon que de mille et mille de vos pièces. — Quand je demande au roi une pension, reprit Quesnay, c'est comme si je lui disais: "Donnez-moi un moyen d'avoir un meilleur dîner, d'avoir un habit bien chaud, une voiture pour me garantir de la pluie et me transporter sans fatigue." Mais celui qui lui demande ce beau ruban, s'il osait dire ce qu'il pense, dirait: "J'ai de la vanité, et je voudrais bien, quand je passe, voir le peuple me regarder d'un œil bêtement admirateur, se ranger devant moi; je voudrais bien, quand j'entre dans une chambre, produire un effet, et fixer l'attention de gens qui se moqueront peut-être de moi à mon départ; je voudrais bien être appelé *monseigneur* par la multitude." Tout cela n'est-il pas du vent? Ce ruban ne lui servira de rien dans presque tous les pays; il ne lui donne aucune puissance; mais mes pièces me donnent partout les moyens de secourir les malheureux. Vive la toute-puissante poudre de *perlimpinpin*[3]!»

À ces derniers mots, on entendit rire **aux éclats** dans la pièce d'à-côté, qui n'était séparée que par une portière. La porte était ouverte, le roi entra avec Madame et M. de Gontaut. Il dit: «Vive la poudre de *perlimpinpin*! Docteur, pourriez-vous m'en procurer?» Le roi était rentré, et il lui avait pris fantaisie d'écouter ce que l'on disait. Madame fit de grandes amitiés au docteur; et le roi, riant et parlant de la poudre avec éloge, sortit.

Je m'en allai, et le docteur aussi. Je me mis à écrire aussitôt cette conversation. On me dit depuis que M. Quesnay était fort instruit de certaines choses qui ont rapport aux finances, et qu'il était un grand *économiste*[1]; mais je ne sais pas trop ce que c'est. Ce qu'il y a de certain, c'est qu'il avait beaucoup d'esprit; il était fort gai et fort plaisant, et très habile médecin.

*

On fut longtemps occupé à la cour de la maladie du petit duc de Bourgogne[2], dont on vantait beaucoup l'esprit. On cherchait la cause de cette maladie, et la méchanceté alla jusqu'à faire soupçonner sa nourrice, qui était fort bien établie à Versailles, de lui avoir communiqué une vilaine maladie. Le roi montrait à Madame les informations qu'il avait fait prendre, dans sa province, sur sa conduite. Un sot évêque s'avisa de dire qu'elle avait été fort libertine dans sa jeunesse; la pauvre nourrice en fut instruite, et demanda qu'on le fît expliquer. L'évêque répondit qu'elle avait été plusieurs fois au bal dans sa ville, et qu'elle avait la gorge découverte. C'était pour ce pauvre homme le comble du libertinage. Le roi, qui avait été d'abord inquiet, ne put s'empêcher de dire: «Quelle bête!»

Le duc, après avoir longtemps donné de l'inquiétude à la cour, mourut[1]. Rien ne fait plus d'effet, chez les princes, que leurs égaux mourants. Tout le monde en est occupé ; mais aussi, dès qu'ils sont morts, personne n'en parle plus. Le roi parlait souvent de la mort, et aussi d'enterrements et de cimetières ; personne n'était né plus mélancolique. Madame m'a dit un jour qu'il éprouvait une sensation pénible lorsqu'il était forcé à rire, et qu'il l'avait souvent priée de finir une histoire plaisante. Il souriait, et voilà tout. En général, le roi avait les idées les plus tristes sur la plupart des événements. Quand il arrivait un nouveau ministre, il disait : « Il a étalé sa marchandise comme un autre, et promet les plus belles choses du monde, dont rien n'aura lieu. Il ne connaît pas ce pays-ci ; il verra... » Quand on lui parlait de projets pour renforcer la marine, il disait : « Voilà vingt fois que j'entends parler de cela. Jamais la France n'aura de marine, je crois. » C'est M. de Marigny qui m'a dit cela.

Je n'ai jamais vu Madame si joyeuse qu'à la prise de Mahon[2]. Le roi en était bien aise ; mais il ne pouvait *croire* au mérite de ses courtisans, et il regardait leurs succès comme l'effet du hasard. Il n'y eut, à ce que l'on m'a dit, que le maréchal de Saxe[3] qui lui inspira une grande estime ; mais il ne l'avait guère vu dans ses cabinets, ni figurer comme courtisan. M. d'Argenson chercha querelle à M. de Richelieu[4] après sa victoire, pour son retour à Paris, afin de l'empêcher de venir jouir de son triomphe. Il voulut rejeter la chose sur Madame, qui en était enthousiasmée, et qui ne l'appelait que *le Minorquin*.

*

Le chevalier de Montaigu était menin de monseigneur le dauphin[5], et fort aimé de lui, à cause de sa grande dévotion. Il tomba malade, et on lui fit une opération qu'on appelle *l'empyème*[1], et qui consiste à faire une ouverture entre les côtes pour faire sortir le pus : elle fut faite en apparence assez heureusement ; mais le malade empirait et ne pouvait respirer. On ne concevait pas ce qui pouvait occasionner cet accident et retarder sa guérison. Il mourut presque entre les bras de monseigneur le dauphin, qui allait tous les jours chez lui. La singularité de sa maladie détermina à l'ouvrir, et on trouva dans sa poitrine une partie de la seringue de plomb avec laquelle, suivant l'usage, on injectait des décoctions dans la partie qui avait été en suppuration. Le chirurgien ne s'était point vanté de sa négligence, et le malade en fut la victime.

Cet événement fit parler longtemps le roi, qui l'a peut-être raconté trente fois, suivant sa coutume ; mais ce qui fit parler encore davantage du chevalier de Montaigu, c'est une cassette trouvée auprès de son lit, et qui contenait des haires, des cilices et des martinets teints de sang. On parla beaucoup un jour, au souper, chez Madame, de cette dernière circonstance, et il n'y avait personne parmi les convives qui fût tenté d'imiter le chevalier.

Huit ou dix jours après on adressa au roi, a Madame, aux Baschi et au duc d'Ayen[2] le conte que voici. Personne ne comprenait d'abord à quoi il pouvait se rapporter ; ce fut le duc d'Ayen qui, le premier, dit : « Nous sommes bien bêtes ! c'est en moquerie des austérités du chevalier de Montaigu. » Cela parut évident, et d'autant plus qu'on en adressa des copies à monseigneur le dauphin, à Mme la dauphine[3], à l'abbé de Saint-Cyr[4] et au duc de La V...[5] Ce dernier passait pour un faux dévot, et on avait ajouté : « Vous ne seriez pas assez dupe, mon cher duc, pour être fakir ; mais convenez que vous seriez avec plaisir un des bons moines qui mènent une si joyeuse vie. » On soupçonna le maréchal de

Richelieu d'avoir fait faire le conte par quelqu'un de ses complaisants. Le roi en fut fort scandalisé, et donna ordre au lieutenant de police d'en rechercher l'auteur ; mais il n'y put parvenir, ou on ne voulut pas le divulguer.

CONTE JAPONAIS

À trois lieues de la capitale du Japon, il y a un temple célèbre par le concours des personnes de tout état, et de l'un et l'autre sexe, qui s'y rendent en foule pour adorer une idole qui passe pour faire des miracles. Des religieux, au nombre de trois cents, et qui font preuve d'une noblesse ancienne et illustre, desservent ce temple, et présentent les offrandes qu'on y apporte de toutes les provinces de l'empire à l'idole. Ils habitent dans un superbe et vaste bâtiment qui tient au temple et qui est environné de jardins où l'art a été joint à la nature pour en faire un séjour enchanté.

J'obtins la permission de voir le temple et de me promener dans les jardins. Un religieux d'un âge avancé, mais encore plein de vigueur et de vivacité, m'accompagna. Nous en vîmes plusieurs autres de tout âge qui s'y promenaient. Mais ce qui me surprit, ce fut d'en voir un grand nombre se livrer à divers exercices agréables et folâtres avec de jeunes filles élégamment vêtues, écouter leurs chansons et danser avec elles. Le religieux qui m'accompagnait répondit avec bonté aux questions que je lui fis sur son ordre ; et voici exactement ce qu'il me dit à plusieurs reprises, et à mesure que je lui faisais des questions :

«Le dieu Faraki, que nous adorons, est ainsi nommé d'un mot qui veut dire *fabricateur* ; c'est lui qui a fait tout ce que nous voyons, la terre, les astres, le soleil, etc. Il a donné à l'homme des sens qui sont autant de sources de plaisir, et nous croyons que la seule manière de reconnaître ses bienfaits est d'en user. Une telle opinion vous paraîtra sans doute bien plus conforme à la raison que celle de ces fakirs de l'Inde qui passent leur vie à contrarier la nature, et qui se dévouent aux plus tristes privations et à des souffrances cruelles. Dès que le soleil paraît, nous nous rendons sur cette montagne que vous voyez, au bas de laquelle coule une rivière de l'eau la plus limpide, et qui fait différents circuits dans cette prairie émaillée des plus belles fleurs. Nous y cueillons les fleurs les plus odorantes, que nous allons porter sur l'autel, avec divers fruits que nous tenons de la bonté de Faraki. Ensuite nous chantons ses louanges, et nous exécutons diverses danses qui expriment notre reconnaissance et toutes les jouissances que nous devons à ce dieu bienfaisant. La première de toutes est celle que nous procure l'amour, et nous exprimons notre ardeur à profiter de cet inestimable bienfait de Faraki. Sortis du temple, nous allons dans divers bosquets, où nous prenons un léger repas; ensuite chacun s'occupe d'un travail qui n'a rien de pénible : les uns brodent, d'autres s'appliquent à la peinture, d'autres cultivent des fleurs ou des arbres fruitiers, d'autres font de petits ouvrages autour; et les produits de ces occupations sont vendus au peuple, qui les achète avec empressement. C'est un de nos revenus, et assez considérable.

« Notre matinée est ainsi consacrée à l'adoration de Dieu et à l'exercice du sens de la vue, qui commence avec les premiers rayons du soleil. Le dîner est fait pour satisfaire le goût, et nous y joignons la jouissance de l'odorat. Les mets les plus savoureux nous sont servis dans des appartements jonchés de fleurs. La table en est ornée, et les meilleurs vins nous sont présentés dans des coupes de cristal. Quand nous avons glorifié Dieu par l'usage agréable du palais et de l'odorat, nous allons goûter, dans des bosquets d'orangers, de myrtes et de roses, un agréable sommeil qui dure deux heures. Pleins d'une nouvelle vigueur et de gaieté, nous retournons à nos occupations, afin d'entremêler le travail au plaisir, dont la continuité émousserait nos sens.

« Après ce travail, nous retournons au temple remercier Dieu, et lui offrir de l'encens; de là, nous allons dans la plus agréable partie du jardin, où se trouvent trois cents jeunes filles, qui forment des danses vives avec les plus jeunes de nos religieux; et les autres exécutent des danses graves, qui n'exigent ni force ni agilité, et dont les pas ne font que répondre par la cadence au son des instruments. On cause, on rit avec ces aimables compagnes, vêtues d'une gaze légère, et dont les cheveux sont ornés de fleurs; et l'on s'empresse de leur offrir des sorbets exquis et différemment préparés.

« L'heure du souper étant arrivée, on se rend dans des appartements brillant de l'éclat de mille bougies préparées avec l'ambre. Autour de trois immenses galeries où l'on soupe sont distribués des musiciens, dont les divers instruments portent la joie dans l'esprit et inspirent les plus douces émotions. Les jeunes filles sont assises à table avec nous, et, vers la fin du repas, elles chantent des chansons qui sont des hymnes en l'honneur du dieu qui nous a accordé ces sens qui répandent tant de charmes sur la vie, et qui contiennent la promesse d'en user avec une ardeur toujours nouvelle. Le repas fini, on recommence les danses, et lorsque l'heure du repos est arrivée, on tire une espèce de loterie où chacun est sûr d'un lot, qui est une jeune fille avec laquelle il passe la nuit. On les partage ainsi au hasard, afin d'éviter la jalousie et de prévenir les attachements exclusifs.

« C'est ainsi que finit la journée, pour faire place à une nuit de délices, qu'on sanctifie en goûtant le plus doux des plaisirs, que Faraki a si sagement attaché à la reproduction des êtres. Nous admirons en cela la sagesse et la bonté de Faraki, qui ayant voulu assurer la population de l'univers, a donné aux deux sexes un attrait invincible l'un pour l'autre, qui les rapproche sans cesse. La fécondité est le but qu'il s'est proposé, et il enivre de délices ceux qui concourent à ces vues. Que dirait-on du favori d'un roi à qui il aurait donné une belle maison, des terres superbes, et qui se plairait à dégrader la maison, à la laisser tomber en ruine, et qui abandonnerait la culture des terres qui, entre ses mains, deviendraient stériles et couvertes de ronces ? Telle est la conduite des fakirs de l'Inde, qui se condamnent aux plus tristes privations, aux plus cruelles souffrances. N'est-ce pas insulter Faraki, et lui dire : "Je méprise vos bienfaits" ? N'est-ce pas le méconnaître, et dire : "Vous êtes méchant et cruel, et je sais que je ne puis vous plaire qu'en vous offrant le spectacle de mes maux" ? On dit, ajouta-t-il, que vous avez dans vos contrées des fakirs non moins fous et non moins cruels pour eux-mêmes. »

Je pensai, avec raison, qu'il voulait parler des pères de

la Trappe. Le récit du religieux me donna beaucoup à réfléchir, et j'admirai comment la raison pervertie fait enfanter d'étranges systèmes[1].

*

M. le duc de la Val...[1] était un grand seigneur fort riche. Il dit un jour au souper du roi : « Sa Majesté me fait la grâce de me traiter avec bonté ; je serais inconsolable d'être dans sa disgrâce ; mais si cela m'arrivait, je m'occuperais, pour me distraire, du soin de très belles terres que j'ai dans telle et telle province. » Et là-dessus, il fit la description de deux ou trois châteaux superbes. Un mois peut-être après, au sujet de la disgrâce d'un ministre, il dit devant le roi : « J'espère que Votre Majesté me conservera ses bontés ; mais si j'avais le malheur de les perdre, je serais plus à plaindre qu'un autre, car je n'ai pas d'asile où reposer ma tête. » Tous ceux qui avaient entendu la description des beaux châteaux se regardaient en riant, et le roi dit à Madame, qui était à table à côté de lui : « On a bien raison de dire qu'il faut qu'un menteur ait bonne mémoire. »

*

Un événement qui me fit trembler, ainsi que Madame, me procura la familiarité du roi. Au beau milieu de la nuit, Madame entra dans ma chambre, tout près de la sienne, en chemise, et se désespérant. « Venez, dit-elle, le roi se meurt ! » On peut juger de mon effroi. Je mis un jupon, et je trouvai le roi dans son lit, haletant. Comment faire ? c'était une indigestion. Nous lui jetâmes de l'eau ; il revint. Je lui fis avaler des gouttes d'Hoffmann, et il me dit : « Ne faisons pas de bruit, allez seulement chez Quesnay lui dire que c'est votre maîtresse qui se trouve mal, et dites à ses gens de ne pas parler. » Quesnay était logé tout à côté ; il vint aussitôt et fut fort étonné de voir le roi ainsi. Il lui tâta le pouls et dit : « La crise est finie ; mais si le roi avait soixante ans, cela aurait pu être sérieux[1]. » Il alla chercher chez lui quelque drogue ; il revint bientôt après, et se mit à inonder le roi d'eau de senteur. J'ai oublié le remède que lui fit prendre le docteur Quesnay, mais l'effet en fut merveilleux ; il me semble que c'étaient des gouttes du général La Motte. Je réveillai une fille de garde-robe pour faire du thé, comme pour moi ; le roi en prit trois tasses, mit sa robe de chambre, ses bas, et gagna son appartement appuyé sur le docteur. Quel spectacle que de nous voir tous les trois à moitié nus ! Madame passa le plus tôt possible une robe, ainsi que moi, et le roi se changea dans ses rideaux, fermés très décemment. Il causa sur sa courte maladie, et témoigna beaucoup de sensibilité pour les soins qu'on lui avait rendus. Plus d'une heure après, j'éprouvais encore la plus grande terreur en songeant que le roi pouvait mourir au milieu de nous. Heureusement il revint tout de suite à lui, et personne ne s'aperçut, dans le domestique, de ce qui était arrivé. Je dis seulement à la fille de garde-robe de tout remettre en état, et elle crut que Madame avait été malade.

Le roi, le lendemain, remit secrètement à Quesnay un petit billet pour Madame, où il disait : « Ma chère amie doit avoir eu grand'peur, mais qu'elle se tranquillise, je me porte bien, et le docteur vous le certifiera. »

Le roi, depuis ce moment, s'habitua à moi, et, touché de l'attachement que je lui avais témoigné, il me faisait souvent des mines gracieuses à sa manière et de petits présents ; et toujours au jour de l'an il me donnait pour vingt louis environ de porcelaines[2]. Il me voyait dans l'appartement, disait-il à Madame, comme on y voit un tableau ou une statue muette, et ne se gênait pas pour moi. Combien de fois nous avons dit, Madame et moi : « Mais, s'il fût mort, quel embarras ! quel scandale ! » Nous nous étions, au reste, mises en règle à tout événement en avertissant Quesnay : « Car, dit Madame, il n'est pas seulement mon médecin, il est encore premier médecin ordinaire du roi. C'est la seconde place de sa faculté. » Il eut mille écus de pension pour ses soins et son silence, et la promesse d'une place pour son fils. Le roi me donna un acquit-patent sur le Trésor royal de quatre mille francs[1], et Madame eut une très belle pendule et son portrait dans une tabatière.

*

Le roi était fort triste habituellement, et aimait toutes les choses qui rappelaient l'idée de la mort, en la craignant cependant beaucoup. En voici un exemple. Madame se rendant à Crécy[2], un écuyer du roi fit signe à son cocher d'arrêter, et lui dit que la voiture du roi était cassée et que, sachant qu'elle n'était pas loin, il l'envoyait prier de l'attendre. Il arriva bientôt après, se mit dans la voiture de Madame, où étaient, je crois, Mme de Château-Renaud et Mme de Mirepoix[3]. Les seigneurs qui suivaient s'arrangèrent dans d'autres voitures ; j'étais derrière, dans une chaise à deux, avec Gourbillon, valet de chambre de Madame, et nous fûmes étonnés quand, peu de temps après, le roi fit arrêter la voiture ; celles qui suivaient s'arrêtèrent aussi. Le roi appela un écuyer et lui dit : « Vous voyez bien cette petite hauteur ? Il y a des croix, et c'est certainement un cimetière ; allez-y, et voyez s'il y a quelque fosse nouvellement faite. »

L'écuyer galopa et s'y rendit. Ensuite il revint dire

au roi : « Il y en a trois toutes fraîchement faites. »
Madame, à ce qu'elle m'a dit, détourna la tête avec
horreur à ce récit, et la petite maréchale dit gaiement : « En vérité, c'est à faire venir l'eau à la
bouche. » Madame, le soir, en se déshabillant, nous
en parla : « Quel singulier plaisir, dit-elle, que de
s'occuper de choses dont on devrait éloigner l'idée,
surtout quand on mène une vie aussi heureuse !
Mais le roi est comme cela, il aime à parler de mort,
et il a dit, il y a quelques jours, à M. de Fontanieu[1],
à qui il a pris, à son lever, un saignement de nez :
"Prenez-y garde ! à votre âge, c'est un avant-coureur
d'apoplexie". Le pauvre homme est retourné chez
lui tout effrayé et fort malade. »

*

Jamais je n'ai vu le roi si troublé que lors de la
maladie de monseigneur le dauphin[2].

Les médecins étaient sans cesse chez Madame, où
le roi les interrogeait. Il y en avait un de Paris, fort
original, appelé Pousse, qui lui dit une fois : « Vous
êtes un bon papa, cela me fait plaisir. Mais vous savez
que nous sommes tous vos enfants, et nous partageons votre chagrin ; au reste, ayez bon courage,
votre fils vous sera rendu. » Tout le monde regardait
M. le duc d'Orléans, qui était bien embarrassé de sa
contenance. Il serait devenu l'héritier de la couronne[3], la reine étant hors d'âge d'avoir des enfants.
Mme de... me dit, un jour que je lui témoignais ma
surprise de la grande douleur du roi : « Il serait au
désespoir d'avoir pour successeur désigné un prince
de sang. Il ne les aime pas, et les regarde si loin de lui
qu'il en serait humilié. » Effectivement, quand son
fils fut rétabli, il dit : « Le roi d'Espagne aurait eu
beau jeu[4]. » En cela l'on prétend qu'il avait raison, et
que c'était la justice ; mais que, si le duc d'Orléans

avait eu un parti, il aurait pu prétendre à la couronne.

C'est pour effacer cette idée qu'il donna, à Saint-Cloud, une fête superbe, quand le dauphin fut tout à fait rétabli. Madame dit à Mme de Brancas, en parlant de cette fête : « Il veut faire oublier les châteaux en Espagne qu'il a faits ; mais en Espagne ils en faisaient de plus solides. » Le peuple ne témoigna pas autant de joie du rétablissement du dauphin. Il le regardait comme un dévot qui ne faisait que chanter des psaumes, et il aimait le duc d'Orléans, qui vivait au milieu de la capitale, et qu'on appelait *le roi de Paris*. C'était une injustice que ces sentiments ; et le dauphin n'avait chanté des psaumes que pour imiter la voix d'un chantre de la chapelle. Le peuple ne tarda pas à revenir de son erreur et rendit justice à sa vertu.

Le duc d'Orléans était le plus assidu courtisan de Madame ; pour la duchesse [1], elle la détestait. Il peut se faire qu'on lui prêtât des mots auxquels la duchesse n'avait jamais songé ; souvent elle en disait qui étaient sanglants. Le roi l'aurait exilée s'il avait suivi ce que lui dictait son ressentiment ; mais il craignait l'éclat, et elle ne serait devenue que plus méchante. Le duc d'Orléans était, dans ce temps, d'une jalousie extrême envers le comte de Melfort [2] ; et le lieutenant de police ayant dit au roi qu'il avait de fortes raisons de croire que le duc était déterminé à tout pour se défaire de cet amoureux, et qu'il croyait devoir le prévenir pour être sur ses gardes, le roi dit : « Il n'oserait. Mais il y a quelque chose de mieux : qu'il la fasse surprendre, et il me trouvera disposé à faire enfermer sa maudite femme. Mais, quand il se serait défait de cet amant, il y en aura demain un autre, et même en ce moment elle en a d'autres, tels que le chevalier Colbert et le comte de l'Aigle. » Cependant Madame me dit que les deux derniers n'étaient point avérés.

Il arriva en ce temps une aventure dont le lieutenant de police rendit compte au roi. La duchesse d'Orléans s'était amusée un jour à agacer au Palais-Royal, à huit heures du soir, un jeune Hollandais qu'elle avait trouvé joli[1]. Le jeune homme voulut aller vite en besogne, la prenant pour une fille, et elle en fut très choquée. Elle appela un suisse et se fit connaître. On arrêta l'étranger, qui s'excusa en disant qu'elle l'avait attrapé de propos très libres. Il fut relâché, et le duc d'Orléans fit une sévère réprimande à sa femme.

Le roi dit un jour à Madame, devant moi (car il ne se gênait pas pour parler d'elle, tant il la haïssait) : « Sa mère la connaissait bien : car, avant son mariage, elle ne lui permettait pas qu'elle dît autre chose que *oui* ou *non*. Savez-vous la plaisanterie qu'elle a faite sur la nomination de Moras ? Elle lui a envoyé faire son compliment et, deux minutes après, elle a rappelé celui qu'elle envoyait, en disant devant tout le monde : "Avant de lui parler, demandez au suisse s'il est encore en place[2]." »

Madame n'était pas haineuse, et malgré les propos de Mme la duchesse d'Orléans, elle cherchait à excuser ses torts en conduite, et disait : « Le plus grand nombre des femmes ont des amants, et elle n'a pas tous ceux qu'on lui prête ; mais ses manières libres et ses discours, qui n'ont point de mesure, la décrient dans toute la France. »

*

Ma camarade[3] est venue tout enchantée, il y a quelques jours, dans ma chambre, à la ville. Elle avait été chez M. de Chennevières[4], premier commis de la guerre, qui est en grande correspondance avec Voltaire, qu'elle regarde comme un dieu. Par parenthèse, elle fut indignée, ces jours-ci, en entendant un marchand d'estampes qui criait : « Voilà Voltaire, ce fameux Prussien[1]. Le voyez-vous avec son gros bonnet de peau d'ours, pour n'avoir pas froid ! À six sols le fameux Prussien. » « Quelle profanation ! » disait-elle. Je reviens à mon histoire. M. de Chennevières lui avait montré des lettres de Voltaire, et M. Marmontel avait lu une épître *À sa bibliothèque*[2].

M. Quesnay entra pour un petit moment ; elle lui répéta tout cela, et comme il n'avait pas l'air d'y prendre beaucoup de part, elle lui a demandé s'il n'admirait pas les grands poètes. « Comme de grands joueurs de bilboquet », a-t-il répondu avec ce ton qui rend plaisant tout ce qu'il dit. « J'ai cependant fait des vers, dit-il, et je vais vous en dire. C'est sur un M. Raudot[3], intendant de la marine, qui se plaisait à dire du mal de la médecine et des médecins ; je fis ces vers pour venger Esculape et Hippocrate :

> *Antoine se médicina*
> *En décriant la médecine,*
> *Et de ses propres mains mina*
> *Les fondements de sa machine ;*
> *Très rarement il opina*
> *Sans humeur bizarre ou chagrine,*
> *Et l'esprit qui le domina*
> *Était affiché sur sa mine.*

Qu'en dites-vous ? » dit le docteur. Ma camarade les trouva très jolis, et le docteur me les donna de sa main, en me priant de ne pas en laisser prendre des copies.

Madame plaisantait ma camarade sur son bel esprit ; mais elle avait de la confiance en elle quelquefois. Sachant qu'elle écrivait souvent, Madame lui disait : « Vous faites quelque roman qui paraîtra un jour, ou bien le siècle de Louis XV. Je me recommande à vous. » Je n'ai point à me plaindre d'elle. Il

m'importe peu qu'elle parle mieux que moi de prose
et de vers. Elle ne m'a pas dit son véritable nom ;
mais un jour, je lui fis cette malice : « Quelqu'un,
lui dis-je, soutenait hier que la famille de Mme de
Mar... [1] était plus considérée que celle de beaucoup
de gentilshommes. Elle tient, dit-on, le premier
rang à Cadix, elle a des alliances très honorables ; et
cependant elle n'a pas cru s'avilir en étant gouvernante
chez Madame. Vous verrez un jour ses
enfants ou ses neveux fermiers généraux, et donner
leurs filles à des ducs. »

*

J'avais remarqué que Madame, depuis plusieurs
jours, se faisait servir du chocolat à triple vanille et
ambré à son déjeuner ; qu'elle mangeait des truffes
et des potages au céleri. La trouvant fort échauffée,
je lui fis un jour des représentations sur son régime,
qu'elle eut l'air de ne pas écouter. Alors je crus
devoir en parler à son amie, la duchesse de Brancas[2]. « Je m'en suis aperçue, me dit-elle, et je vais lui
en parler devant vous. » Effectivement, après sa toilette,
Mme de Brancas lui fit part de ses craintes
pour sa santé. « Je viens de m'entretenir avec elle
(en me montrant), dit la duchesse, et elle est de mon
avis. » Madame témoigna un peu d'humeur, et puis
se mit à fondre en larmes. J'allai aussitôt fermer
la porte, et revins écouter. « Ma chère amie, dit
Madame à Mme de Brancas, je suis troublée de la
crainte de perdre le cœur du roi en cessant de lui
être agréable. Les hommes mettent, comme vous
pouvez le savoir, beaucoup de prix à certaines
choses ; et j'ai le malheur d'être d'un tempérament
très froid. J'ai imaginé de prendre un régime un peu
échauffant, pour réparer ce défaut ; et, depuis deux
jours, cet élixir, dit-elle, me fait assez de bien, ou du

moins, j'ai cru m'en apercevoir. » La duchesse de Brancas prit la drogue qui était sur la toilette, et après l'avoir sentie : « Fi ! » dit-elle ; et elle la jeta dans la cheminée. Madame la gronda, et dit : « Je n'aime pas à être traitée comme un enfant. » Elle pleura encore, et dit : « Vous ne savez pas ce qui m'est arrivé il y a huit jours ? Le roi, sous prétexte qu'il faisait chaud, s'est mis sur mon canapé, et y a passé la moitié de la nuit. Il se dégoûtera de moi, et en prendra une autre. — Vous ne l'éviterez pas, répondit la duchesse, en suivant votre régime ; et ce régime vous tuera. Rendez au roi votre société précieuse de plus en plus par votre douceur ; ne le repoussez pas dans d'autres moments, et laissez faire le temps : les chaînes de l'habitude vous l'attacheront pour toujours. » Ces dames s'embrassèrent. Madame recommanda le secret à Mme de Brancas, et le régime fut abandonné.

Peu de temps après, elle me dit : « Le maître est plus content de moi ; et c'est depuis que j'ai parlé à Quesnay, sans lui tout dire. Il m'a dit que, pour avoir ce que je désire, il fallait avoir soin de se bien porter et tâcher de bien digérer, et de faire de l'exercice pour y parvenir. Je crois que le docteur a raison, et je me sens tout autre. J'adore cet homme-là (le roi) ; je voudrais lui être agréable. Mais hélas ! quelquefois il me trouve une macreuse[1]. Je sacrifierais ma vie pour lui plaire. »

*

Un jour, le maître entra tout échauffé. Je me retirai, mais j'écoutai dans mon poste. « Qu'avez-vous ? lui dit Madame. — Ces grandes robes et le clergé, répondit-il, sont toujours aux couteaux tirés ; ils me désolent par leurs querelles[2]. Mais je déteste bien plus les grandes robes. Mon clergé, au fond, m'est attaché et fidèle : les autres voudraient me mettre en tutelle. — La fermeté, lui dit Madame, peut seule les réduire. — Robert de Saint-Vincent[1] est un boutefeu que je voudrais pouvoir exiler ; mais ce sera un train terrible. D'un autre côté, l'archevêque[2] est une tête de fer qui cherche querelle. Heureusement qu'il y en a quelques-uns dans le parlement sur qui je puis compter, et qui font semblant d'être bien méchants, mais qui savent se radoucir à propos. Il m'en coûte pour cela quelques abbayes, quelques pensions secrètes. Il y a un certain V... qui me sert assez bien, tout en paraissant un enragé. — J'en sais des nouvelles, Sire, dit Madame. Il m'a écrit hier, prétendant avoir avec moi une parenté, et il m'a demandé un rendez-vous. — Eh bien ! dit le maître, voyez-le et laissez-le venir ; ce sera un prétexte pour lui accorder quelque chose s'il se conduit bien. »

M. de Gontaut entra, et voyant qu'on parlait sérieusement, ne dit rien. Le roi se promenait, agité ; puis, tout d'un coup, il dit : « Le régent a eu bien tort de leur rendre le droit de faire des remontrances, ils finiront par perdre l'État[3]. — Ah ! Sire, dit M. de Gontaut, il est bien fort pour que de petits robins puissent l'ébranler. — Vous ne savez pas ce qu'ils font et ce qu'ils pensent, reprit le roi : c'est une assemblée de républicains. En voilà, au reste, assez : les choses, comme elles sont, dureront autant que moi. Causez-en un peu, Madame, dimanche, avec M. Berryer. »

Mme d'Amblimont et Mme d'Esparbès[4] entrèrent : « Ah ! voilà mes petits chats, dit Madame. Tout ce qui nous occupe est du grec pour elles ; mais leur gaieté me rend le calme, et me permet de reprendre ensuite les choses sérieuses. Vous avez la chasse, Sire, qui vous distrait, et elles m'en tiennent lieu. » Le roi se mit alors à parler de la chasse de la journée, et de Landsmath[5]. Il fallait laisser parler le roi sur ces objets, et quelquefois entendre trois ou quatre fois la même histoire, suivant qu'il arrivait d'autres personnes. Jamais Madame ne témoignait d'ennui ; elle l'engageait même quelquefois à recommencer.

*

Un jour, je dis à Madame : « Il me semble que Madame a un redoublement d'amitié pour Mme la comtesse d'Amblimont. — Il est bien fondé, me dit-elle. C'est une personne unique peut-être par sa fidélité à ses amis et par son honnêteté. Écoute, et n'en parle à qui que ce soit : il y a quatre jours que, passant pour aller à table, le roi s'est approché d'elle en faisant semblant de la chatouiller, et il a voulu lui remettre une petite lettre. D'Amblimont, faisant la folle, a mis aussitôt ses deux mains derrière son dos, et le roi a été obligé de ramasser le billet, qui était tombé à terre. Gontaut a vu seul tout cela et, après souper, s'étant approché de la petite dame, lui a dit : "Vous êtes une bonne amie. — J'ai fait ce que je devais." Et à ces mots, elle a mis son doigt sur sa bouche, pour lui recommander le silence. Il m'a fait part sur-le-champ de ce trait d'amitié de la petite héroïne, qui ne m'en a pas parlé. » J'admirais la vertu de la petite comtesse, et Madame me dit : « Elle est étourdie, *hurluberlu* ; mais elle a plus d'esprit et d'âme que les prudes et les dévotes. D'Esparbès n'en ferait pas autant ; peut-être elle irait au-devant[1]. Le maître a paru déconcerté ; mais il lui fait toujours des agaceries. — Madame, sans doute, lui dis-je, reconnaîtra une action aussi belle. — N'en doutez pas, dit-elle ; mais je ne veux pas qu'elle croie que j'en suis instruite. » Le maître, soit par une suite de son goût, soit par la suggestion de Madame, entra un matin à Choisy, je crois, chez Mme d'Amblimont, et lui passa lui-même au cou un collier d'émeraudes et de diamants de soixante mille livres. Cela vint bien longtemps après ce que j'ai raconté.

*

Il y avait une grande ottomane dans une petite pièce auprès de la chambre de Madame, où je me tenais souvent. Un soir, vers minuit, il entra une chauve-souris dans l'appartement où tout le monde était. Aussitôt le roi dit : « Où est le général Crillon[1] ? (Il était sorti pour le moment.) C'est le général contre les chauves-souris ». Cela donna lieu à répéter : « Où étais-tu, Crillon ? », et aussitôt il entra, et on lui dit que l'ennemi était là. Il se mit en veste, l'épée à la main, et poursuivit la chauve-souris, qui entra dans le cabinet où j'étais profondément endormie. Je m'éveillai en sursaut au bruit, et je vis le roi près de moi, et toute sa société. Je sautai vite en bas de l'ottomane, et ce fut l'amusement de toute la soirée.

M. de Crillon était un très brave homme, très aimable ; mais il avait le tort de se livrer à faire des facéties, qui partaient plutôt de sa gaieté naturelle que de bassesse de caractère. Il n'en était pas de même d'un très grand seigneur, chevalier de la Toison d'or, que Madame aperçut un jour donnant et serrant la main à Gourbillon, son valet de chambre. Comme c'était l'homme de la cour le plus vain[2], Madame ne put s'empêcher de le dire au roi ; et comme il n'avait ni charge ni emploi à la cour, le roi, depuis ce moment, ne le nommait presque jamais pour souper.

J'avais une parente à Saint-Cyr qui se maria. Elle était au désespoir d'avoir une de ses parentes femme de chambre de Madame, et souvent elle me faisait des scènes très mortifiantes pour moi. Madame le sut par Colin, son intendant[3], et elle en parla au roi.

« Je ne m'en étonne pas, dit-il ; voilà comme sont ces bégueules de Saint-Cyr. Mme de Maintenon s'est bien trompée avec d'excellentes intentions[1]. Ces filles sont élevées de manière qu'il faudrait de toutes en faire des dames du palais ; sans quoi, elles sont malheureuses et impertinentes. » Quelque temps après, cette parente se trouva chez moi avec Colin, qui la connaissait sans en être connu. Il se mit à dire : « Savez-vous que le prince de Chimay a fait une scène au chevalier d'Hénin de ce qu'il est écuyer de Mme la marquise ? » Ma parente, à ces mots, ouvrit de grands yeux et dit : « N'a-t-il pas raison ? — Je n'entre pas là-dedans, dit Colin ; mais voici ce qu'il a dit : "Si vous n'étiez qu'un simple gentilhomme, et pauvre, je ne blâmerais pas cela, et il s'en trouvera cinq cents pour se disputer la place, comme des demoiselles pour être auprès de votre maîtresse. Mais songez que vos parents sont princes de l'Empire, et que vous portez leur nom." — Quoi ! Monsieur, dit ma parente, l'écuyer de Mme la marquise est d'une maison de prince ? — De la maison de Chimay, dit-il ; et ils prennent le nom d'Alsace, témoin le cardinal de ce nom[2]. » Colin sortit enchanté de ce qu'il avait dit. « Je ne reviens point, me dit ma parente, de ce que je viens d'entendre. — Cela est pourtant bien vrai, ma cousine, lui dis-je ; vous pouvez voir le chevalier d'Hénin (c'est le nom de la maison des princes de Chimay) porter le mantelet de Madame sur son bras, et suivre à pied sa chaise auprès de la portière, pour lui mettre son mantelet sur les épaules en sortant de sa chaise, et ensuite attendre dans l'antichambre sa sortie, s'il n'y a pas d'autre pièce. »

Depuis ce temps, ma cousine me laissa tranquille, et même eut recours à moi pour faire donner une compagnie de cavalerie à son mari, qui eut bien de la peine à venir me remercier. Sa femme voulait qu'il remerciât Madame ; mais la crainte qu'elle ne lui dît que c'était à la considération de sa cousine la femme de chambre l'en empêcha. C'était, au reste, une chose bien surprenante qu'un homme de la maison de Chimay fût au service de quelque dame que ce fût ; et le commandeur d'Alsace revint de Malte exprès pour le faire sortir de chez Madame. Il lui fit assigner cent louis de pension par sa famille, et Madame lui fit accorder une compagnie de cavalerie. Le chevalier d'Hénin avait été page du maréchal de Luxembourg[1], et l'on ne conçoit pas qu'il ait ainsi placé un homme qui était véritablement son parent, parce que presque toutes les grandes maisons se tiennent. M. de Machault, garde des Sceaux, avait dans le même temps un écuyer chevalier de Saint-Louis et gentilhomme, le chevalier de Puibusc, qui portait son portefeuille et marchait à côté de sa chaise.

*

Soit ambition, soit tendresse, Madame avait pour sa fille[2] une affection qui paraissait venir du plus profond de son cœur. Elle était élevée en princesse, et on ne l'appelait, comme les personnes de cette élévation, que par son nom de baptême. Les plus grands de la cour songeaient à cette alliance ; mais Madame avait un projet qui était fort sensé. Le roi avait eu de Mme de Vintimille[3] un fils qui lui ressemblait, et de figure, et de gestes, et de manières ; il s'appelait le comte du Luc[4]. Madame le fit venir à Bellevue, et ce fut Colin, son intendant, qui fut chargé de trouver quelque moyen pour engager son gouverneur à l'y conduire. Ils goûtèrent chez le suisse, et Madame, se promenant, eut l'air de les trouver par hasard. Elle demanda le nom de l'enfant, et admira sa beauté. Sa fille arriva au même instant, et Madame les conduisit dans une figuerie, où elle savait que le roi devait venir. Il s'y rendit, et demanda quel était le nom de l'enfant. On le lui dit ; et le roi, l'entendant, eut l'air embarrassé ; et Madame dit, le montrant ainsi que sa fille : « Ce serait un beau couple. » Le roi s'amusa avec la demoiselle, sans avoir l'air de faire attention au garçon qui, mangeant des figues, et de la brioche qu'on avait apportée de chez le suisse, eut des attitudes et fit des gestes si semblables à ceux du roi que Madame en resta dans une surprise extrême. « Ah ! dit-elle, Sire, voyez... — Hé quoi ? dit-il. — Rien, dit Madame, si ce n'est qu'on croit voir son père. — Je ne savais pas, dit en souriant le roi, que vous connaissiez le comte du Luc si particulièrement. — Vous devriez l'embrasser, dit-elle, car il est fort joli. — Je commencerai donc par la demoiselle », dit le roi, et il les embrassa très froidement, et avec un air contraint.

J'étais présente. Ayant joint la gouvernante de Mademoiselle, je dis le soir à Madame que le maître n'avait pas paru fort vif dans ses embrassements. « Il est comme cela, dit-elle ; mais n'est-ce pas que ces deux enfants ont l'air faits l'un pour l'autre ? Si c'était Louis XIV, il ferait du jeune enfant un duc du Maine : je n'en demande pas tant. Une charge et un brevet de duc pour son fils, c'est bien peu ; et c'est à cause que c'est son fils que je le préfère, ma bonne, à tous les petits ducs de la cour. Mes petits-enfants participeraient en ressemblance au grand-père et à la grand-mère, et ce mélange, que j'ai l'espoir de voir, ferait mon bonheur un jour. » Les larmes lui vinrent aux yeux en disant ces paroles. Hélas ! hélas ! six mois s'écoulèrent, et sa fille chérie, l'espoir de ses vieux jours, l'objet des vœux les plus grands, mourut presque subitement[1]. Madame en fut inconsolable ; et je dois cette justice à M. de Marigny qu'il en eut la plus vive douleur. La demoiselle était belle comme un ange, appelée à la plus haute fortune ; et j'ai toujours pensé qu'il avait le projet d'épouser sa nièce. Un brevet de duc lui aurait donné le rang, et cela, joint à sa charge et aux richesses de sa mère, en aurait fait un grand seigneur. L'âge n'était pas assez distant pour faire un grand obstacle. On ne manqua pas de dire que la jeune personne avait été empoisonnée, mais les morts imprévues de personnes qui fixent l'attention publique font toujours naître ces bruits. Le roi marqua de la sensibilité, mais plus au chagrin de Madame que pour la perte en elle-même, quoiqu'il eût bien des fois caressé cette enfant et l'eût comblée de présents. Je dois encore à la justice de dire que M. de Marigny, héritier de toute la fortune de Madame depuis cette mort, était désolé toutes les fois qu'elle était malade.

Madame commença, bientôt après, à faire des projets pour l'établissement de son frère. Il fut question de demoiselles de la plus haute naissance, et peut-être l'eût-on fait duc ; mais il avait une manière de penser qui l'éloignait du mariage[1] et de l'ambition. Dix fois il aurait pu être ministre, et n'y pensa jamais. « C'est un homme, me disait un jour Quesnay, bien peu connu : personne ne parle de son esprit et de ses connaissances, ni de ce qu'il fait pour l'avancement des arts ; aucun, depuis Colbert, n'a fait autant dans sa place ; il est d'ailleurs fort honnête homme ; mais on ne veut le voir que comme le frère de la favorite et, parce qu'il est gros, on le croit lourd et épais d'esprit. » Ce qu'il disait était très vrai. M. de Marigny avait voyagé avec d'habiles artistes en Italie, et avait acquis du goût et beaucoup plus d'instruction que n'en avait eu aucun de ses prédécesseurs. Quant à son air épais, il ne l'avait que depuis quelque temps qu'il était trop engraissé, et sa figure auparavant était charmante. Il avait été aussi beau que sa sœur était belle; il ne faisait sa cour à personne, n'avait aucune vanité, et il se bornait à des sociétés où il était à son aise. Il devint un peu plus répandu à la cour lorsque le roi l'eut fait monter dans ses carrosses, croyant qu'il était alors de son devoir de se montrer parmi les courtisans[1].

*

Madame me fit appeler un jour et entrer dans son cabinet, où était le roi, qui se promenait d'un air sérieux. « Il faut, me dit-elle, que vous alliez passer quelques jours à l'avenue de Saint-Cloud, dans une maison où je vous ferai conduire : vous trouverez là une jeune personne prête à accoucher. » Le roi ne disait rien, et j'étais muette d'étonnement. « Vous serez la maîtresse de la maison, et présiderez, comme une déesse de la Fable, à l'accouchement. On a besoin de vous pour que tout se passe suivant la volonté du roi et secrètement. Vous assisterez au baptême et indiquerez les noms du père et de la mère. » Le roi se mit à rire, et dit : « Le père est un très honnête homme. » Madame ajouta : « Aimé de tout le monde et adoré de tous ceux qui le connaissent. » Madame s'avança vers une petite armoire, et en tira une petite boîte, qu'elle ouvrit. Elle en sortit une aigrette de diamants, en disant au roi : « Je n'ai pas voulu, et pour cause, qu'elle fût plus belle. — Elle l'est encore trop. » Et il embrassa Madame en disant : « Que vous êtes bonne ! » Elle pleura d'attendrissement; et mettant la main sur le cœur du roi : « C'est là que j'en veux », dit-elle. Les larmes vinrent aussi aux yeux du roi, et je me mis aussi à pleurer, sans trop savoir pourquoi. Ensuite il me dit : « Guimard vous verra tous les jours pour vous aider et vous conseiller, et au *grand moment*, vous le ferez avertir de se rendre auprès de vous. Mais nous ne parlons pas du parrain et de la marraine ; vous les annoncerez comme devant arriver et, un moment après, vous aurez l'air de recevoir une lettre qui vous apprendra qu'ils ne peuvent venir. Alors vous ferez semblant d'être embarrassée, et Guimard dira : "Il n'y a qu'à prendre les premiers venus." Et vous prendrez la servante de la maison et un pauvre ou un porteur de chaises, et ne leur donnerez que douze francs, pour ne pas attirer l'attention. — Un louis, ajouta Madame, pour ne pas faire d'effet dans un autre sens. — C'est vous qui êtes cause de mon économie dans certaines circonstances, dit le roi. Vous souvenez-vous du fiacre ? Je voulais lui donner un louis, et le duc d'Ayen me dit : "Vous nous ferez reconnaître", et je lui fis donner un écu de six francs. »

Il allait raconter l'histoire, Madame lui fit signe de se taire, et il eut bien de la peine. Elle m'a dit depuis que le roi, dans le temps des fêtes pour le mariage de monseigneur le dauphin[1], avait été la voir à Paris en fiacre, chez sa mère. Le cocher ne voulait pas avancer, et le roi lui voulait donner un louis. « La police en sera instruite demain, dit le duc d'Ayen, et les espions feront des recherches qui nous feront peut-être connaître. »

« Guimard, dit le roi, vous dira les noms du père et de la mère. Il assistera à la cérémonie, qui doit être le soir, et donnera les dragées. Il est bien juste que vous ayez les vôtres. » Et il tira cinquante louis qu'il me remit de cette mine gracieuse qu'il savait prendre dans l'occasion, et que n'avait personne autre que lui dans son royaume. Je lui baisai la main en pleurant. « Vous aurez soin de l'accouchée, n'est-ce pas ? C'est une très bonne enfant, qui n'a pas inventé la poudre, et je m'en fie à vous pour la discrétion. Mon chancelier vous dira le reste », dit-il en se tournant vers Madame, et il sortit.

« Eh bien ! comment trouvez-vous mon rôle ? dit-elle. — D'une femme supérieure et d'une excellente amie, lui dis-je. — C'est à son cœur que j'en veux, me dit-elle, et toutes ces petites filles qui n'ont point d'éducation ne me l'enlèveront pas. Je ne serais pas aussi tranquille si je voyais quelque jolie femme de la cour ou de la ville tenter sa conquête. » Je demandai à Madame si la jeune personne savait que c'était le roi qui était le père. « Je ne le crois pas, dit-elle ; mais comme il a paru aimer celle-ci, on a craint qu'on ne soit trop empressé de le lui apprendre. Sans cela, on dit à elle et aux autres, dit-elle en levant les épaules, que c'est un seigneur polonais, parent de la reine, et qui a un appartement au château. Cela a été imaginé à cause du cordon bleu, que le roi n'a pas souvent le temps de quitter, parce qu'il faudrait changer d'habit, et pour donner une raison de ce qu'il a un logement au château, si près du roi. » C'étaient deux petites chambres, du côté de la chapelle, où le roi se rendait de son appartement sans être vu que d'une sentinelle qui avait ses ordres, et qui ne savait pas qui passait par cet endroit. Le roi allait quelquefois au Parc-aux-Cerfs[1] ou recevait des demoiselles à l'appartement dont j'ai parlé.

Je m'arrête ici pour faire mention d'une singulière aventure qui n'est sue que de six ou sept personnes, maîtres ou valets. Dans le temps de l'assassinat du roi, une jeune fille qu'il avait vue plusieurs fois, et à qui il avait marqué plus de tendresse qu'à une autre, se désespérait de cet affreux événement. La mère abbesse (car on peut appeler ainsi celle qui avait l'intendance du Parc-aux-Cerfs) s'aperçut de la douleur extraordinaire qu'elle témoignait, et fit si bien qu'elle lui fit avouer qu'elle savait que le seigneur polonais était le roi de France. Elle avoua même qu'elle avait fouillé dans ses poches, et qu'elle en avait tiré deux lettres, dont l'une était du roi d'Espagne et l'autre de l'abbé de Broglie. C'est ce que l'on a su depuis, car ni elle ni l'abbesse ne savaient les noms. La jeune fille fut grondée, et on appela M. Lebel, premier valet de chambre[1], qui ordonnait de tout, et qui prit les lettres et les porta au roi, qui fut fort embarrassé pour revoir une personne si bien instruite.

Celle dont je parle, s'étant aperçue que le roi venait voir sa camarade secrètement, tandis qu'elle était délaissée, guetta l'arrivée du roi et, au moment où il entrait, précédé de l'abbesse, qui devait se retirer, elle entra précipitamment et furieuse dans la chambre où était sa rivale. Elle se jeta aussitôt aux genoux du roi. « Oui, vous êtes le roi, criait-elle, de tout le royaume ; mais ce ne serait rien pour moi si vous ne l'étiez pas de mon cœur. Ne m'abandonnez pas, mon cher Sire ; j'ai pensé devenir folle quand on a manqué de vous tuer. » L'abbesse criait : « Vous l'êtes encore. » Le roi l'embrassa, et cela parut la calmer. On parvint à la faire sortir et, quelques jours après, on conduisit cette malheureuse dans une pension de folles, où elle fut traitée comme telle pendant quelques jours. Mais elle savait bien qu'elle ne l'était pas, et que le roi avait été bien véritablement son amant. Ce lamentable accident m'a été raconté par l'abbesse, lorsque j'ai eu quelque relation avec elle lors de l'accouchement dont il est question ; mais je n'en ai jamais eu ni avant ni depuis.

Je reviens donc à mon histoire. Madame me dit : « Tenez compagnie à l'accouchée pour empêcher qu'aucun étranger ne lui parle, pas même les gens de la maison. Vous direz toujours que c'est un seigneur polonais fort riche, et qui se cache à cause de la reine sa parente, qui est fort dévote. Vous trouverez dans la maison une nourrice à qui l'enfant sera remis, et tout le reste regarde Guimard. Vous irez à l'église comme témoin, et il faudra faire les choses comme le ferait un bon bourgeois. On croit que la demoiselle accouchera dans cinq ou six jours; vous dînerez avec elle, et ne la quitterez pas jusqu'au moment où elle sera en état de retourner au Parc-aux-Cerfs; ce qui, je suppose, sera dans une quinzaine de jours, sans qu'elle coure aucun risque. »

Je me rendis le soir même à l'avenue de Saint-Cloud, où je trouvai l'abbesse et Guimard, garçon du château, mais sans son habit bleu. Il y avait de plus une garde, une nourrice, deux vieux domestiques, et une fille, moitié servante, moitié femme de chambre. La jeune fille était de la plus jolie figure, mise fort élégamment, mais sans rien de trop marquant. Je soupai avec elle et avec l'abbesse, qui s'appelait Mme Bertrand. J'avais remis l'aigrette de Madame avant le souper, ce qui avait causé la plus grande joie à la demoiselle, et elle fut fort gaie. Mme Bertrand avait été femme de charge chez M. Lebel, premier valet du roi, qui l'appelait Dominique, et elle était son confidentissime. La demoiselle causa avec nous après le souper, et me parut fort naïve.

Le lendemain, j'eus une conversation particulière, et elle me dit: « Comment se porte M. le comte? » C'était le roi qu'elle appelait ainsi. « Il sera bien fâché de n'être pas auprès de moi, me dit-elle; mais il a été obligé de faire un assez long voyage. » Je fus de son avis. « C'est un bien bel homme, me dit-elle, et il m'aime de tout son cœur; il m'a promis des rentes, mais je l'aime sans intérêt; et s'il voulait, je le suivrais dans sa Pologne. »

Elle me parla ensuite de ses parents, et de M. Lebel, qu'elle connaissait sous le nom de Durand. « Ma mère, me dit-elle, était une grosse épicière-droguiste, et mon père n'était pas un homme de rien, ajouta-t-elle; il était des six-corps[1], et c'est, comme tout le monde le sait, ce qu'il y a de mieux; enfin, il avait pensé deux fois être échevin. » Sa mère avait, après la mort de son père, essuyé des banqueroutes ; mais M. le comte était venu à son secours, et lui avait donné un contrat de quinze cents livres de rente et six mille francs d'argent comptant.

Six jours après, elle accoucha, et on lui dit, suivant mes instructions, que c'était une fille, quoique ce fût un garçon ; et bientôt après on devait lui dire que son enfant était mort, pour qu'il ne restât aucune trace de son existence pendant un certain temps ; ensuite, on le remettrait à la mère. Le roi donnait dix ou douze mille livres de rente à chacun de ses enfants. Ils héritaient les uns des autres à mesure qu'il en mourait, et il y en avait déjà sept ou huit de morts[1].

Je revins trouver Madame, à qui j'avais écrit tous les jours par Guimard. Le lendemain, le roi me fit dire d'entrer ; il ne me dit pas une parole sur ce que j'avais fait, mais me remit une tabatière d'or fort grande où étaient deux rouleaux de vingt-cinq louis chaque. Je lui fis ma révérence et m'en allai. Madame me fit beaucoup de questions sur la demoiselle, et riait beaucoup de ses naïvetés, et de tout ce qu'elle m'avait dit du seigneur polonais. « Il est dégoûté de la princesse, et je crois qu'il partira dans deux mois pour toujours pour sa Pologne. — Et la demoiselle ? lui dis-je. — On la mariera, me dit-elle, en province, avec une dot de quarante mille écus au plus et quelques diamants. »

Cette petite aventure, qui me mettait dans la confidence du roi, loin de me procurer plus de marques de bonté de sa part, sembla le refroidir pour moi, parce qu'il était honteux que je fusse instruite de ses amours obscures. Il était aussi embarrassé des services que lui rendait Madame.

*

Outre ses petites maîtresses du Parc-aux-Cerfs, le roi avait quelquefois des aventures avec des dames de Paris ou de la cour qui lui écrivaient. Il y eut une Mme de M...elle, qui avait un mari jeune et aimable et deux cent mille livres de rente, et qui voulut absolument être sa maîtresse. Elle parvint à le voir ; et le roi, qui savait sa fortune, était persuadé qu'elle était sincèrement amoureuse folle de lui. On ne sait pas ce qui serait arrivé si elle ne fût morte. Madame en était fort embarrassée, et se trouva, par sa mort, délivrée de ses craintes.

Une circonstance me valut un redoublement d'amitié de Madame. Un homme riche, qui était dans les sous-fermes, me vint trouver un jour en grand secret, et me dit qu'il avait quelque chose à communiquer à Mme la marquise de très important, mais qu'il serait fort embarrassé de s'en expliquer avec elle ; qu'il préférait de m'en instruire. Je l'assurai de ma discrétion. « Je n'en doute pas, me dit-il, et c'est ce qui m'a fait adresser à vous. » Ensuite il m'apprit, ce que je savais, qu'il avait une très belle femme, dont il était passionnément amoureux ; que, l'ayant aperçue un jour baisant un petit portefeuille, il avait cherché à s'en emparer, s'imaginant bien qu'il y avait quelque mystère ; qu'il l'avait guettée ; qu'un jour qu'elle était sortie précipitamment pour aller chez sa sœur qui venait d'accoucher dans un appartement au-dessus du sien, il avait eu le temps de trouver le secret du portefeuille, et que, l'ayant ouvert, il avait été bien étonné d'y trouver un portrait du roi, et que dans l'autre partie du portefeuille il y avait une lettre très tendre du roi ; qu'il en avait pris copie, ainsi que d'une lettre commencée d'elle, par laquelle sa femme demandait au roi instamment de lui procurer le plaisir de le voir ; qu'elle en avait trouvé le moyen, qui était de se rendre à Versailles, où elle irait masquée à un bal de la ville, et que le roi pouvait venir masqué. J'assurai M. de ... que je me chargeais de faire part de cette affaire à Madame, qui serait reconnaissante de sa confidence. Il s'empressa d'ajouter : « Dites à Mme la marquise que ma femme a beaucoup d'esprit, et qu'elle est très intrigante. Je l'adore, et je serais au désespoir qu'elle me fût enlevée. »

Je ne perdis pas un instant à instruire Madame et à lui remettre la lettre, et je la prévins du rendez-vous demandé. Elle parut fort sérieuse et pensive ; et j'ai su depuis qu'elle avait consulté M. Berryer, lieutenant de police, qui trouva un moyen très simple, mais très habilement conçu, pour écarter cette dame[1]. Il demanda à parler au roi le soir même, qui était un dimanche, jour où le lieutenant de police venait à Versailles ; et il dit au roi qu'il croyait devoir le prévenir qu'il y avait une dame qui le compromettait dans Paris ; qu'on lui avait remis copie d'une lettre qu'on supposait écrite par Sa Majesté ; et il la remit au roi, qui la lut en rougissant, et la déchira en fureur. M. Berryer ajouta que l'on répandait que cette dame devait avoir une entrevue avec lui au bal de Versailles ; et dans le moment même, le hasard fit qu'on remit au roi la lettre de la dame qui contenait cette demande. M. Berryer en jugea ainsi, parce que le roi parut surpris en la lisant, et dit : « Il faut avouer que M. le lieutenant de police est bien instruit. — je crois, ajouta M. Berryer, devoir dire à Votre Majesté que cette dame passe pour fort intrigante. — Je crois, dit le roi, que ce n'est pas sans raison. »

Cette aventure fut ainsi coupée dans sa racine, sans que Madame parût y avoir part. Le roi ne redoutait rien tant que les bavardages, et il crut que sa lettre courait tout Paris. M. Berryer fit épier la dame, qui n'alla point à Versailles. Madame me fit part de ce qui s'était passé. Le mari fut fait fermier général deux ou trois ans après, et elle me fit donner six mille francs sur sa place, à condition que je ne la quitterais jamais.

*

Madame éprouvait beaucoup de tribulations au milieu de toutes ses grandeurs. On lui écrivait souvent des lettres anonymes où on la menaçait de l'empoisonner et de l'assassiner; et ce qui l'affectait le plus, c'était la crainte d'être supplantée par une rivale. Je ne l'ai jamais vue dans un plus grand chagrin qu'un soir, au retour du salon de Marly. Elle jeta en rentrant, avec dépit, son manteau, son manchon, et se déshabilla avec une vivacité extrême; ensuite, renvoyant ses autres femmes, elle me dit à leur sortie: «Je ne crois pas qu'il y ait rien de si insolent que cette Mme de Coislin[1]; je me suis trouvée ce soir au jeu à une table de brelan avec elle, et vous ne pouvez vous imaginer ce que j'ai souffert. Les hommes et les femmes semblaient se relayer pour nous examiner. Mme de Coislin a dit deux ou trois fois en me regardant: "Va-tout", de la manière la plus insultante; et j'ai cru me trouver mal quand elle a dit, d'un ton triomphant: "J'ai *brelan de rois*." Je voudrais que vous eussiez vu sa révérence en me quittant. — Et le roi, lui dis-je, lui a-t-il fait ses belles mines? — Vous ne le connaissez pas, ma bonne: s'il devait la mettre ce soir dans mon appartement, il la traiterait froidement devant le monde, et me traiterait avec la plus grande amitié. Telle a été son éducation, car il est bon par lui-même et ouvert.»

Les alarmes de Madame durèrent quelques mois, et Madame me dit un jour: «Cette superbe marquise a manqué son coup; elle a effrayé le roi par ses grands airs, et n'a cessé de lui demander de l'argent: et vous ne savez pas que le roi signerait, sans y songer, pour un million, et donnerait avec peine cent louis sur son petit trésor. Lebel, qui m'aime mieux qu'une nouvelle à ma place, soit par hasard ou par projet, a fait venir au Parc-aux-Cerfs une petite sultane charmante, qui a refroidi un peu le roi pour l'altière *Vasthi*, en l'occupant vivement. On a donné à... des diamants, cent mille francs et un domaine. Jannel m'a rendu dans cette circonstance de grands services, en montrant au roi les extraits de la poste sur le bruit que faisait la faveur de Mme de Coislin. Le roi a été frappé d'une lettre d'un vieux conseiller au parlement, du parti du roi, qui mande à un de ses amis : *Il est juste que le maître ait une amie, une confidente, comme tous tant que nous sommes, quand cela nous convient ; mais il est à désirer qu'il garde celle qu'il a : elle est douce, ne fait de mal à personne, et sa fortune est faite. Celle dont on parle aura toute la superbe que peut donner une grande naissance. Il faudra lui donner un million par an, parce qu'elle est, à ce qu'on dit, très dépensière, et faire ducs, gouverneurs de province, maréchaux, ses parents, qui finiront par environner le roi et faire trembler ses ministres.* » Madame avait l'extrait de cette lettre, que lui avait remis M. Jannel, intendant des postes, qui avait toute la confiance du roi. Il n'avait pas manqué d'examiner attentivement la mine que le maître avait faite en lisant cette lettre, et il vit qu'il avait senti la vérité des raisonnements du conseiller, qui n'était point frondeur. Madame me dit quelque temps après : « La fière marquise s'est conduite comme Mlle Deschamps[1], et elle est éconduite. »

Madame avait eu auparavant d'autres alarmes. Une parente de Mme d'Estrades[2], qui avait épousé le marquis de C..., avait fait au roi des avances très marquées, et il n'en fallait pas tant pour un homme qui se croyait le plus beau du royaume, avec raison, et qui était roi. Il était bien persuadé que toutes les femmes céderaient au moindre désir qu'il daignerait manifester. Il trouvait donc tout simple qu'on l'aimât. M. de Stainville contribua à empêcher le succès de cette intrigue ; et bientôt après la marquise de C...[1], à qui ses parents faisaient garder les arrêts à Marly dans son appartement, s'étant échappée par une garde-robe pour un rendez-vous, fut surprise avec un jeune homme dans un corridor de Marly. Ce fut l'ambassadeur d'Espagne qui, sortant de chez lui avec des flambeaux, fut témoin de ce rendez-vous. Mme d'Estrades ne fit pas semblant d'avoir eu connaissance de cette intrigue, et continua à vivre avec Madame, qu'elle trahissait, comme si elle l'avait aimée tendrement. Elle était l'espionne de M. d'Argenson dans les cabinets et chez Madame ; et quand elle ne pouvait rien découvrir, elle inventait, pour se faire valoir auprès de son amant.

Cette Mme d'Estrades n'avait eu d'existence que par les bontés de Madame, et, toute laide qu'elle était, elle avait tâché de lui enlever le roi. Un jour qu'il s'était un peu grisé à Choisy, la seule fois, je crois, que cela lui était arrivé, il monta dans une grande et jolie barque, où Madame ne put l'accompagner, étant malade d'une indigestion. Mme d'Estrades guettait cette occasion. Elle entra dans la barque ; et au retour, comme il faisait nuit, elle suivit le roi dans un cabinet secret, et fit plus que des avances au roi, qu'on croyait dormant sur un lit de repos. Elle raconta le soir à Madame qu'elle était entrée dans ce cabinet pour ses affaires, que le roi l'y avait suivie, et qu'il avait voulu la violer. Elle pouvait dire tout ce qu'elle voulait, car le roi ne savait ni ce qu'il avait dit, ni ce qu'il avait fait.

Je finirai cet article par la courte histoire d'une demoiselle. J'avais été un jour à la comédie de la ville de Compiègne ; et Madame, m'ayant fait des questions sur la pièce, me demanda s'il y avait beaucoup de monde, et si je n'avais pas vu une belle demoiselle. Je lui répondis qu'effectivement, dans la loge près de la mienne, il y avait une jeune personne qui était entourée de tous les jeunes gens de la cour. Elle sourit, et me dit : « C'est Mlle Dorothée ; elle a été ce soir au souper du roi, et ira demain à la chasse. Vous êtes étonnée de me voir si instruite, et j'en sais encore plus. Elle a été amenée ici par un Gascon qu'on nomme Dubarré ou Dubarri[1], qui est le plus mauvais sujet qu'il y ait en France. Il fonde ses espérances sur les charmes de Mlle Dorothée, auxquels il ne croit pas que puisse résister le roi. Elle est effectivement très belle. On me l'a fait voir dans mon petit jardin, où on l'avait menée sous prétexte de se promener. C'est la fille d'un porteur d'eau de Strasbourg, et son cher amant, pour début, demande d'être ministre à Cologne. — Est-ce que Madame aurait été inquiète d'une créature comme celle-là ? — Tout est possible, dit-elle ; mais je crois que le roi n'oserait donner un tel scandale, et heureusement que Lebel, pour l'acquit de sa conscience, a dit au roi que l'amant de la belle Dorothée était rongé d'un vilain mal ; et il a ajouté : "Votre Majesté ne guérit pas de cela comme des écrouelles[2]." Il n'en a pas fallu davantage pour écarter la demoiselle. »

« Je vous plains bien, Madame, lui dis-je un jour, tandis que tout le monde vous envie. — Ah ! me répondit-elle, ma vie est comme celle du chrétien, un combat perpétuel ; il n'en était pas ainsi des personnes qui avaient su gagner les bonnes grâces de Louis XIV. Mme de La Vallière s'est laissé tromper par Mme de Montespan ; mais c'est sa faute ou, pour mieux dire, le produit de sa bonté. Elle était sans soupçon dans les premiers temps, parce qu'elle ne pouvait croire son amie perfide. Mme de Montespan a été ébranlée par Mme de Fontanges, et supplantée par Mme de Maintenon; mais sa hauteur, ses caprices avaient aliéné le roi. Elle n'avait pas, au reste, des rivales comme les miennes; mais aussi leur bassesse fait ma sûreté, et je n'ai, en général, à craindre que des infidélités, et la difficulté de trouver des occasions pour savoir les rendre passagères. Le roi aime le changement, mais aussi il est retenu par l'habitude; il craint les éclats et déteste les intrigantes. Le petite maréchale me disait un jour: "C'est votre escalier que le roi aime: il est habitué à le monter et à le descendre. Mais, s'il trouvait une autre femme à qui il parlerait de sa chasse et de ses affaires, cela lui serait égal au bout de trois jours."»

*

J'écris au hasard, sans ordre ni date, comme je me souviens; et je vais vous parler de M. l'abbé de Bernis, que j'aimais beaucoup, parce qu'il était bon et qu'il me traitait avec amitié. Un jour, Madame finissait de s'habiller, et M. le comte de Noailles[1] demanda à lui parler en particulier. Je sortis, M. le comte avait en entrant l'ait très effaré, et j'entendis la conversation, n'y ayant que la portière entre nous. «Il vient de se passer, Madame, lui dit-il, quelque chose dont je ne puis me dispenser de rendre compte au roi, mais dont j'ai cru devoir vous prévenir, parce que cela regarde un de vos amis, que j'aime et considère infiniment. M. l'abbé de Bernis a eu envie de chasser ce matin: il est sorti avec trois ou quatre de ses gens portant des fusils, et il a été chasser dans le *petit parc*, endroit où M. le dauphin n'irait pas sans demander au roi la permission[2]. Les gardes, surpris d'entendre tirer, sont accourus, et ont été étonnés de voir M. de Bernis. Ils lui ont très respectueusement demandé sa permission, et, étonnés de voir qu'il n'en avait pas, ils l'ont prié de cesser, en disant que s'ils faisaient leur devoir ils devraient l'arrêter, mais qu'ils allaient m'en rendre compte aussitôt, comme étant capitaine des chasses de Versailles. Ils ont ajouté que le roi devait avoir entendu les coups de fusil, et qu'ils le priaient de se retirer. M. l'abbé s'est excusé sur son ignorance, et a assuré que je le lui avais permis. "M. le comte, ont-ils dit, n'a pu le permettre que pour des endroits bien plus éloignés, et dans le *grand parc*." » M. le comte de Noailles s'est beaucoup fait valoir sur son empressement à prévenir Madame, qui lui a dit de lui laisser le soin d'en rendre compte au maître, et de n'en pas parler.

M. de Marigny, qui n'aimait pas M. l'abbé, me vint voir le soir, et j'eus l'air d'apprendre de lui cette histoire « Il faut, disait-il, qu'il ait perdu la tête pour chasser sous les fenêtres du roi »; et il s'étendit beaucoup sur les airs qu'il se donnait.

Madame arrangea cela de son mieux, mais le roi fut très choqué; et vingt fois, depuis la disgrâce de M. l'abbé de Bernis, se trouvant dans ce canton, il a dit : « Ce sont ici les plaisirs de M. l'abbé. » Le roi ne l'a jamais goûté, et Madame m'a dit, après sa disgrâce, une nuit que je la gardais malade, qu'elle avait vu, au bout de huit jours de son ministère, qu'il n'était pas propre à sa place. « Si cet évêque cafard, ajoutait-elle en parlant de l'évêque de Mirepoix[1], n'eût pas empêché le roi de lui donner une pension de deux mille écus qu'il m'avait promise, jamais il n'aurait été ambassadeur : je lui aurais fait par les suites donner une vingtaine de mille livres de rente, peut-être la place de maître de la chapelle; et il aurait été plus heureux, et je n'aurais pas eu à le regretter. » je pris la liberté de lui dire que je ne le croyais pas, et qu'il avait de bons restes qu'on ne lui ôterait pas ; que son exil finirait, et qu'il se trouverait cardinal avec deux cent mille livres de rente. Elle me dit : « Cela est vrai ; mais je songe au chagrin qu'il a eu et à l'ambition qui le ronge ; enfin, je songe à moi qui aurais joui de sa société, et vieilli avec un ancien et aimable ami, s'il n'eût pas été ministre. » Le roi le renvoya avec colère, et fut tenté de ne pas lui donner le chapeau.

M. Quesnay me dit, quelques mois après, qu'il avait voulu se faire Premier ministre ; qu'il avait fait un mémoire pour représenter que, dans les temps difficiles, il fallait qu'il y eût, pour le bien des affaires, un point central (c'est son mot) où tout aboutisse. Madame ne voulait pas se charger du mémoire ; il insista, malgré qu'elle lui eût dit : « Vous vous perdez. » Le roi jeta les yeux dessus, répéta : « Point central : c'est-à-dire qu'il veut être Premier ministre. » Madame l'excusa, et lui dit que cela pouvait regarder le maréchal de Belle-Isle[1]. « Ne va-t-il pas être cardinal ? dit le roi ; et voilà une belle finesse ! Il sait bien que, par sa dignité, il forcera les ministres à s'assembler chez lui, et M. l'abbé sera le point central. Quand il y a un cardinal au conseil, il finit par être le chef. Louis XIV n'a jamais voulu, pour cette raison, y faire entrer le cardinal de Janson[2], qu'il estimait beaucoup. M. le cardinal de Fleury m'a dit la même chose. Il avait eu quelque envie d'avoir pour successeur le cardinal de Tencin ; mais sa sœur était si intrigante que le cardinal de Fleury me conseilla de n'en rien faire, et je me conduisis de manière à lui ôter tout espoir, et à désabuser les autres. M. d'Argenson m'a pénétré, et a fini par lui ôter toute considération. »

Voilà ce que le roi avait dit, à ce que me confia mon ami Quesnay, qui était, par parenthèse, un grand génie, à ce que tout le monde dit, et un homme fort gai. Il aimait à causer avec moi de la campagne ; j'y avais été élevée, et il me faisait parler des herbages de Normandie et du Poitou, de la richesse des fermiers, et de la manière de cultiver. C'était le meilleur homme du monde, et qui était éloigné de la plus petite intrigue. Il était beaucoup plus occupé, à la cour, de la meilleure manière de cultiver la terre que de tout ce qui s'y passait. L'homme qu'il estimait le plus était M. de La Rivière[1], conseiller au parlement, qui a été intendant de la Martinique ; il le regardait comme l'homme du plus grand génie, et croyait que c'était le seul homme propre à administrer les finances.

*

Mme la comtesse d'Estrades, qui devait tout ce qu'elle était à Madame, n'était occupée qu'à lui faire des tracasseries, dont elle était assez habile pour dérober les preuves ; mais elle ne pouvait empêcher qu'on ne la soupçonnât. Sa liaison intime avec M. d'Argenson donnait de l'ombrage à Madame, et depuis quelque temps elle était plus réservée avec elle ; mais elle fit une chose qui irrita Madame et le roi avec juste raison.

Le roi, qui écrivait beaucoup, lui écrivit une assez longue lettre où il lui parlait d'une assemblée de chambres au parlement ; et il y avait joint une lettre de M. Berryer. Madame était malade, et mit ces lettres sur une petite table près de son lit. M. de Gontaut entra, et parla de fadaises comme à son ordinaire. Mme d'Amblimont vint aussi, et resta très peu de temps. Comme j'allais reprendre une lecture qui avait été interrompue, Mme d'Estrades entra et se mit auprès du lit de Madame, à qui elle parla quelque temps ; ensuite elle sortit, et Madame, m'ayant fait appeler, me demanda l'heure qu'il était, et me dit : « Le roi va bientôt venir ; faites fermer ma porte. » Je rentrai, et Madame me dit de lui donner la lettre du roi qui était sur sa table, avec quelques papiers. Je les lui remis, et lui dis qu'il n'y avait rien autre chose. Elle fut fort inquiète, ne trouvant pas la lettre du roi ; et, après avoir compté les personnes qui étaient entrées : « Ce n'est point la petite comtesse ni Gontaut qui ont pris la lettre du roi ; ce ne peut être que la comtesse d'Estrades, et cela est trop fort. » Le roi vint, il se mit en colère, à ce que me dit Madame, et il exila deux jours après Mme d'Estrades, qui certainement avait pris la lettre, parce que l'écriture du roi lui avait sans doute inspiré de la curiosité[1].

Cet événement fit beaucoup de peine à M. d'Argenson, qui lui était attaché par amour pour l'intrigue, à ce que disait Madame. Cela redoubla la haine de ce ministre contre elle, et Madame lui attribua d'avoir favorisé la publication d'un libelle où elle était représentée comme une vieille maîtresse réduite au vilain rôle de fournir de nouveaux objets à son amant. On la désignait comme surintendante du Parc-aux-Cerfs, qu'on disait coûter des millions.

Madame a cherché à couvrir quelques faiblesses du roi, et n'a jamais connu aucune des sultanes de ce sérail. Il n'y en avait, au reste, que deux en général, et très souvent une seule. Lorsqu'elles se mariaient, on leur donnait des bijoux et une centaine de mille francs. Quelquefois le Parc-aux-Cerfs était vacant cinq ou six mois de suite.

*

J'étais surprise de voir depuis quelque temps la duchesse de Luynes[2], dame d'honneur de la reine, venir en secret chez Madame. Ensuite elle y vint sans se cacher ; et un soir Madame, s'étant mise au lit, m'appela et me dit : « Ma chère bonne, vous allez être bien contente, la reine me donne une place de dame du palais ; demain je lui serai présentée ; il faut me faire bien belle. » J'ai su que le roi n'était pas aussi aise qu'elle ; il craignait le scandale, et qu'on ne crût qu'il avait forcé la reine à cette nomination. Mais il n'en était rien. On représenta à cette princesse que c'était de sa part un acte héroïque d'oublier le passé ; que tout scandale serait effacé quand on verrait Madame tenir à la cour par une place honorable, et que ce serait la meilleure preuve qu'il n'y avait plus que de l'amitié entre le roi et sa favorite.

La reine la reçut très bien. Les dévots se flattèrent d'être protégés par Madame, et chantèrent pendant quelque temps ses louanges. Plusieurs amis du dauphin venaient en particulier voir Madame, excepté le chevalier Du Muy[1] ; et quelques-uns obtinrent des grades. Le roi avait pour eux le plus grand mépris, et ne leur accordait rien qu'en rechignant. Un jour il dit d'un homme de grand nom qui voulait être capitaine des gardes : « C'est un espion double qui serait payé de deux côtés. »

Ce moment est celui où j'ai vu Madame le plus satisfaite. Les dévotes venaient chez elle sans scrupule, et ne s'oubliaient pas dans l'occasion ; Mme de Luynes en avait donné l'exemple. Le docteur riait de ce changement de décoration, et s'égayait aux dépens des dévotes. « Cependant, lui disais-je, elles sont conséquentes et peuvent être de bonne foi. — Oui, disait-il, mais il ne faut pas qu'elles demandent rien. »

*

Un jour j'étais chez le docteur Quesnay pendant que Madame était à la comédie. Le marquis de

Mirabeau[1] y vint, et la conversation y fut quelque temps ennuyante pour moi, n'y étant question que du *produit net*[2]; enfin on parla d'autres choses. Mirabeau dit: «J'ai trouvé mauvais visage au roi, il vieillit. — Tant pis, mille fois tant pis! dit Quesnay: ce serait la plus grande perte pour la France s'il venait à mourir.» Et il leva les yeux au ciel, en soupirant profondément. «Je ne doute pas que vous n'aimiez le roi, et avec juste raison, dit Mirabeau, et je l'aime aussi; mais je ne vous ai jamais vu si passionné. — Ah! dit Quesnay, je songe à ce qui s'ensuivrait. — Eh bien! le dauphin est vertueux. — Oui, et plein de bonnes intentions, et il a de l'esprit; mais les cagots auront un empire absolu sur un prince qui les regarde comme des oracles. Les jésuites gouverneront l'État, comme sur la fin de Louis XIV, et vous verrez le fanatique évêque de Verdun[3] Premier ministre, et La Vauguyon tout-puissant sous quelque autre titre. Les parlements alors n'auront qu'à se bien tenir: ils ne seront pas mieux traités que mes amis les philosophes. — Mais ils vont trop loin aussi, dit Mirabeau: pourquoi attaquer ouvertement la religion? — J'en conviens, dit le docteur; mais comment n'être pas indigné du fanatisme des autres, ne pas se ressouvenir de tout le sang qui a coulé pendant deux cents ans? — Il ne faut donc pas les irriter de nouveau, et ne pas amener en France le temps de Marie en Angleterre. — Mais ce qui est fait est fait, et je les exhorte souvent à se modérer: je voudrais qu'ils suivissent l'exemple de notre ami Duclos[4]. — Vous avez raison, répondit Mirabeau. Il me disait, il y a quelques jours: "Ces philosophes en feront tant qu'ils me forceront à aller à vêpres et à la grand'messe." Mais enfin le dauphin est vertueux, instruit, et a de l'esprit. — Ce sont les premiers temps de son règne que je crains, dit Quesnay, où les imprudences de nos amis lui seront présentées avec la plus grande force, où les jansénistes et les molinistes feront cause commune, et seront appuyés fortement de la dauphine. J'avais cru que M. Du Muy était modéré, qu'il tempérait la fougue des autres ; mais je lui ai entendu dire que Voltaire méritait les derniers supplices. Soyez persuadé, Monsieur, que les temps de Jan Hus, de Jérôme de Prague, reviendront ; mais j'espère que je serai mort. J'approuve bien Voltaire de sa chasse aux Pompignan[1] : le marquis bourgeois, sans le ridicule dont on l'a inondé, aurait été précepteur des enfants de France ; et joint à son frère George, ils auraient tant fait qu'on aurait élevé des bûchers. — Ce qui devrait nous rassurer sur le dauphin, dit Mirabeau, c'est que, malgré la dévotion de Pompignan, il le tourne en ridicule. Il y a quelque temps que, l'ayant rencontré, et trouvant qu'il avait l'air bouffi d'orgueil, il dit à quelqu'un, qui me l'a redit :

Et l'ami Pompignan pense être quelque chose[2]. »
Je mis par écrit cette conversation en rentrant chez moi.

*

Un jour je trouvai Quesnay au désespoir : « Mirabeau, me dit-il, est à Vincennes pour son ouvrage sur l'impôt[3]. Ce sont les fermiers généraux qui l'ont dénoncé et qui l'ont fait arrêter ; sa femme doit aller aujourd'hui se jeter aux pieds de Mme de Pompadour. » Quelques moments après, J'entrai chez Madame pour sa toilette, et le docteur y vint. Madame lui dit : « Vous devez être affligé de la disgrâce de votre ami Mirabeau, et j'en suis fâchée aussi, car j'aime son frère. » Quesnay répondit : « Madame, je suis bien loin de lui croire de mauvaises intentions ; il aime le roi et le peuple. — Oui, dit-elle, son *Ami des hommes* lui a fait beaucoup d'honneur. »

En ce moment entra le lieutenant de police[1], et Madame lui dit: «Avez-vous vu le livre de M. de Mirabeau? — Oui, Madame, mais ce n'est pas moi qui l'ai dénoncé. — Qu'en pensez-vous? lui dit Madame. — Je crois qu'il aurait pu dire une grande partie de ce qu'il a dit en termes plus ménagés; il y a entre autres deux phrases au commencement: "Votre Majesté a vingt millions d'hommes, plus ou moins; elle ne peut en obtenir des services qu'à prix d'argent, et il n'y a point d'argent pour payer leurs services." — Quoi! il a dit cela, docteur? dit Madame. — Cela est vrai, ce sont les premières lignes, et je conviens qu'elles sont imprudentes; mais, en lisant l'ouvrage, on voit qu'il se plaint de ce que le patriotisme s'éteint dans les cœurs, et qu'il voudrait le ranimer.»

Le roi entra, nous sortîmes, et j'écrivis sur la table de Quesnay ce que je venais d'entendre.

Je revins ensuite pour continuer la toilette, et Madame me dit: «Le roi est fort en colère contre Mirabeau, mais j'ai tâché de l'adoucir, et le lieutenant de police a fait de même. Cela va redoubler les craintes de Quesnay. Savez-vous ce qu'il m'a dit un jour? Le roi, lui parlant chez moi, et le docteur ayant l'air tout troublé, après que le roi fut sorti je lui dis: "Vous avez l'air embarrassé devant le roi, et cependant il est si bon! — Madame, m'a-t-il répondu, je suis sorti à quarante ans de mon village, et j'ai bien peu d'expérience du monde, auquel je m'habitue difficilement. Lorsque je suis dans une chambre avec le roi, je me dis: 'Voilà un homme qui peut me faire couper la tête'; et cette idée me trouble. — Mais la justice et la bonté du roi ne devraient-elles pas vous rassurer? — Cela est bon pour le raisonnement, dit-il; mais le sentiment est plus prompt, et il m'inspire de la crainte avant que je me sois dit tout ce qui est propre à l'écarter."»

J'écrivis cela pour ne pas l'oublier, et me fis redire les mots.

*

Une lettre anonyme fut adressée au roi et à Madame, et comme l'auteur n'avait pas envie qu'elle manquât son but, il en avait envoyé une copie au lieutenant de police, cachetée, avec cette adresse : *Pour le roi* ; une autre avec ces mots : *À Mme de Pompadour* ; et une autre à M. de Marigny. Cette lettre affecta beaucoup Madame et le roi, et plus encore, je crois, M. de Choiseul, qui en avait reçu une semblable. Je me suis mise aux genoux de M. de Marigny pour me la laisser copier, afin de la montrer au docteur. La voici :

Sire, c'est un serviteur zélé qui écrit à Votre Majesté. La vérité est toujours amère, surtout pour les rois. Habitués à la flatterie, ils ne voient les objets que revêtus de couleurs propres à leur plaire. J'ai beaucoup réfléchi et lu, et voici ce que mes méditations me portent à exposer à Votre Majesté.

On l'a accoutumée à être invisible, et on lui a inspiré une timidité qui l'empêche de parler ; ainsi toute communication directe est interrompue entre le maître et ses sujets. Renfermé dans l'intérieur de votre palais, vous devenez de jour en jour plus semblable aux empereurs d'Orient ; mais voyez, Sire, leur sort !... « J'ai des troupes », dira Votre Majesté : c'est aussi leur appui ; mais quand on le fonde sur elles, quand on n'est en quelque sorte que le roi des soldats, ils sentent leur force et en abusent. Vos finances sont dans le plus grand désordre, et la plupart des États ont péri par cette cause. L'esprit patriotique soutenait les anciens États, et unissait toutes les classes pour le salut d'un pays. L'argent en tient lieu dans ce temps, il est devenu le moteur universel, et vous en manquez. L'esprit de la finance infecte toutes les parties, et domine à la cour, tout devient alors vénal, et tous les rangs se confondent. Vos ministres sont sans génie et sans capacité depuis le renvoi de MM. d'Argenson et de Machault. Vous seul, en quelque sorte, ne pouvez pas juger de leur incapacité, parce qu'ils vous apportent le travail de commis habiles, qu'ils s'attribuent. On administre au jour le jour, mais il n'y a point d'esprit de gouvernement. Les changements qu'on a faits dans la partie militaire dégoûtent les troupes, font retirer d'excellents officiers ; un feu séditieux s'allume dans le sein des parlements, vous prenez le parti de les corrompre, et le remède est pire que le mal. C'est introduire le vice dans le sanctuaire de la justice, et gangrener les parties nobles de l'État. Un parlement corrompu aurait-il bravé les fureurs de la Ligue pour conserver la couronne au légitime souverain ? Oubliant les maximes de Louis XIV, qui savait quel était le danger de confier le ministère à de grands seigneurs, vous y avez élevé M. de Choiseul ; mais c'est peu, vous lui avez donné trois ministères : ce qui est un plus grand fardeau que la place de Premier ministre, parce que celui-ci ne fait que surveiller, et que les secrétaires d'État sont chargés de tous les détails. Le public a pénétré ce ministre resplendissant. Ce n'est qu'un petit-maître sans talents et sans instruction, qui a un peu de phosphore dans l'esprit.

Il est une chose encore bien digne de remarque, Sire, c'est la guerre ouverte qu'on fait à la religion. Il ne peut plus y avoir de nouvelles sectes, parce que la croyance est en général trop ébranlée pour qu'on s'occupe de quelque différence de sentiments sur quelques-uns de ses articles. Mais les encyclopédistes, sous prétexte d'éclairer les hommes, sapent les fondements de la religion. Tous les genres de liberté se tiennent : les philosophes et les protestants tendent au républicanisme, ainsi que les jansénistes. Les philosophes attaquent le tronc de l'arbre, les autres quelques branches ; mais leurs efforts, sans être concertés, l'abattront un jour. Joignez-leur les économistes, qui ont pour objet la liberté politique, comme les autres celle du culte, et le gouvernement peut se trouver, dans vingt ou trente ans, miné dans toutes ses parties et crouler avec fracas.

Si Votre Majesté, frappée de ce tableau trop vrai, me demande le remède, je dirai qu'il faut ramener le gouvernement à ses principes, et se presser avant tout de remédier à l'état des finances, parce que les embarras dans lesquels se trouve un État en dette entraînent de nouveaux impôts qui, après avoir foulé le peuple, l'indisposent et le portent au soulèvement. Je dirai qu'il serait nécessaire que Votre Majesté se rendît plus populaire ; qu'elle manifestât son contentement des services, ou son mécontentement des fautes et des prévarications et de l'oubli de ses devoirs : qu'on sache enfin que les récompenses et les punitions, les choix et les destitutions émanent d'elle. Alors on lui saura gré des grâces, et on craindra d'encourir ses reproches ; alors on aura un sentiment personnel pour elle, au lieu qu'on rapporte tout le bien et le mal à ses ministres. C'est une preuve de la confiance naturelle des peuples pour le roi, que cette exclamation : *Ah ! si le roi savait !* Ils aiment à croire qu'il remédierait à tout s'il était instruit.

Mais d'un autre côté, quelles idées se font-ils des rois, faits pour être instruits de tout et pour surveiller tout ce qui se passe, qui cependant ignorent ce qu'il leur importe le plus de savoir s'ils veulent remplir leurs fonctions ? *Rex*, roi ; *regere*, régir, conduire : ces mots indiquent quels sont leurs devoirs. Que dirait-on d'un père qui se déchargerait du soin de ses enfants comme d'un fardeau ? Un temps viendra, Sire, où les peuples s'éclaireront ; et ce temps peut-être approche... Reprenez les rênes de votre État, tenez-les d'une main ferme ; et faites qu'on ne dise pas de vous : *Foeminas et scorta volvit animo, et haec principatus praemia putat* [1] ; il ne songe qu'à des femmes, des sociétés de libertins, et il croit que c'est là ce que la royauté offre de plus précieux.

Je continuerai, Site, si je vois que mes avis sincères aient produit quelque changement. J'entrerai dans de plus grands détails ; sinon, je me tairai [2].

*

Je viens de parler d'une lettre anonyme au roi ; on ne peut se figurer combien elles étaient fréquentes. On s'empressait ou de dire des vérités dures ou des mensonges alarmants, afin de nuire à d'autres personnes; en voici un exemple concernant Voltaire, très grand courtisan de Madame quand il était en France. Voici la lettre qu'on écrivit à son sujet, et qui est bien postérieure à la première:

Madame,
M. de Voltaire vient de vous dédier sa tragédie de *Tancrède*[3]: ce devrait être un hommage inspiré par le respect et la reconnaissance, mais c'est une insulte; et vous en jugerez comme le public si vous la lisez avec attention. Vous verrez que ce grand écrivain sent apparemment que l'objet de ses louanges n'en est pas digne, et qu'il cherche à s'en excuser aux yeux du public. Voici ses termes: «*J'ai vu, dès votre enfance, les grâces et les talents se développer. J'ai reçu de vous, dans tous les temps, des témoignages d'une bonté toujours égale. Si quelque censeur pouvait désapprouver l'hommage que je vous rends, ce ne pourrait être qu'un cœur né ingrat. Je vous dois beaucoup, Madame, et je dois le dire.*»
Que signifient au fond ces phrases, si ce n'est que Voltaire sent qu'on doit trouver extraordinaire qu'il dédie son ouvrage à une femme que le public juge peu estimable, mais que le sentiment de la reconnaissance doit lui servir d'excuse? Pourquoi supposer que cet hommage trouvera des censeurs, tandis que l'on voit paraître tous les jours des épîtres dédicatoires adressées à des caillettes[2] sans nom ni état, ou à des femmes d'une conduite répréhensible, sans qu'on y fasse attention?

M. de Marigny et Colin, intendant de Madame, ainsi que Quesnay, trouvèrent que l'auteur anonyme était très méchant, qu'il blessait Madame, et voulait nuire à Voltaire; mais qu'au fond il avait raison. Voltaire fut dès ce moment perdu dans l'esprit de Madame et dans celui du roi, et il n'a certainement jamais pu en deviner la cause. Le roi, qui admirait tout ce qui avait rapport au siècle de Louis XIV, se rappelant que les Boileau, les Racine avaient été accueillis par lui, et qu'on leur attribuait une partie de l'éclat de ce règne, était flatté qu'il y eût sous le sien un Voltaire ; mais il le craignait, et ne l'estimait pas. Il ne put s'empêcher de dire : « Au reste, je l'ai aussi bien traité que Louis XIV a traité Racine et Boileau ; je lui ai donné, comme Louis XIV à Racine, une charge de gentilhomme ordinaire et des pensions[1] : ce n'est pas ma faute s'il a fait des sottises et s'il a la prétention d'être chambellan, d'avoir une croix et de souper avec un roi. Ce n'est pas la mode en France ; et, comme il y a un peu plus de beaux esprits et plus de grands seigneurs qu'en Prusse, il me faudrait une bien grande table pour les réunir tous. » Et puis il compta sur ses doigts : « Maupertuis, Fontenelle, La Motte, Voltaire, Piron, Destouches, Montesquieu, le cardinal de Polignac. — Votre Majesté oublie, lui dit-on, d'Alembert et Clairaut. — Et Crébillon, dit-il, et La Chaussée. — Et Crébillon le fils, dit quelqu'un : il doit être plus aimable que son père. Et il y a encore l'abbé Prévost, l'abbé d'Olivet. — Eh bien, dit le roi, depuis vingt-cinq ans tout cela aurait dîné ou soupé avec moi. »

Madame me raconta cette conversation, que j'écrivis le soir. M. de Marigny m'en parla aussi, et me dit : « La fantaisie de Voltaire a toujours été d'être ambassadeur, et il a fait ce qu'il a pu pour qu'on le crût chargé d'affaires politiques quand il a été pour la première fois en Prusse. »

*

Le peuple apprit l'assassinat du roi avec des transports de fureur et avec le plus grand désespoir ; on l'entendait, de l'appartement de Madame, crier sous les fenêtres[2]. Il y avait des attroupements, et Madame craignait le sort de Mme de Châteauroux[3]. Ses amis venaient à chaque instant lui donner des nouvelles. Son appartement était, au reste, comme une église, où tout le monde croyait avoir le droit d'entrer. On venait voir la mine qu'elle faisait, sous prétexte d'intérêt ; et Madame ne faisait que pleurer et s'évanouir. Le docteur Quesnay ne la quittait pas, ni moi non plus. M. de Saint-Florentin vint la voir plusieurs fois, et le contrôleur général, ainsi que M. Rouillé[1] ; mais M. de Machault n'y vint point. Mme la duchesse de Brancas était aussi très souvent chez nous. M. l'abbé de Bernis n'en sortait que pour aller chez le roi, et il avait les larmes aux yeux en regardant Madame. Le docteur Quesnay voyait le roi cinq ou six fois par jour. «Il n'y a rien à craindre, disait-il à Madame ; si c'était tout autre, il pourrait aller au bal[2]. »

Mon fils, le lendemain, alla, comme la veille, voir ce qui se passait au château, et il vint nous dire que le garde des Sceaux était chez le roi. Je l'envoyai attendre ce qu'il ferait à la sortie. Il revint tout courant, au bout d'une demi-heure, me dire que le garde des Sceaux était retourné chez lui, suivi d'une foule de peuple. Madame, à qui je le dis, s'écria, fondant en larmes : «Et c'est là un ami ! » M. l'abbé de Bernis lui dit : «Il ne faut pas se presser de le juger dans un moment comme celui-ci. »

Je retournai dans le salon une heure après, lorsque M. le garde des Sceaux entra. Je le vis passer avec sa mine froide et sévère. Il me dit : «Comment se porte Mme de Pompadour ? » Je lui répondis : «Hélas ! comme vous pouvez l'imaginer » ; et il entra dans le cabinet de Madame. Tout le monde sortit, il y resta une demi-heure. M. l'abbé revint, et Madame sonna ; j'entrai chez elle, où il me suivit. Elle était en larmes : «Il faut que je m'en aille, dit-elle, mon cher abbé. » Je lui fis prendre de l'eau de fleur d'orange dans un gobelet d'argent, parce que ses dents claquaient. Ensuite elle me dit d'appeler son écuyer. Il entra, et elle lui donna assez tranquillement ses ordres pour faire tout préparer à son hôtel à Paris[1], et dire à tous ses gens d'être prêts à partir, et à ses cochers de ne pas s'écarter. Elle s'enferma ensuite pour conférer avec l'abbé de Bernis, qui sortit pour le conseil. Sa porte fut ensuite fermée, excepté pour les dames de son intime société, M. de Soubise[2], M. de Gontaut, les ministres et quelques autres; plusieurs dames venaient s'entretenir chez moi et se désespéraient; elles comparaient la conduite de M. de Machault avec celle de M. de Richelieu à Metz. Madame leur en avait fait des détails qui faisaient l'éloge du duc, et qui étaient autant de satires de la conduite du garde des Sceaux[3]. « Il croit ou feint de croire, disait-elle, que les prêtres exigeront mon renvoi avec scandale; mais Quesnay et tous les médecins disent qu'il n'y a pas le plus petit danger. »

Madame m'ayant fait appeler, je vis entrer chez elle Mme la maréchale de Mirepoix qui, dès la porte, s'écria: « Qu'est-ce donc, Madame, que toutes ces malles? Vos gens disent que vous partez. — Hélas! ma chère amie, le maître le veut, à ce que m'a dit M. de Machault. — Et son avis à lui, quel est-il? dit la maréchale. — Que je parte sans différer. » Pendant ce temps, je déshabillais seule Madame, qui avait voulu être plus à son aise sur sa chaise longue. « Il veut être le maître, dit la maréchale, votre garde des Sceaux, et il vous trahit: qui quitte la partie la perd. » Je sortis; M. de Soubise entra, M. l'abbé ensuite, et M. de Marigny. Celui-ci, qui avait beaucoup de bontés pour moi, vint dans ma chambre une heure après; j'étais seule. « Elle reste, dit-il; mais *motus*: on fera semblant qu'elle s'en va, pour ne pas animer ses ennemis. C'est la petite maréchale qui l'a décidée; mais son garde (elle appelait ainsi M. de Machault) le payera. » Quesnay entra et, avec son air de singe, ayant entendu ce qu'on disait, récita une fable d'un renard qui, étant à manger avec d'autres animaux, persuada à l'un que ses ennemis le cherchaient, pour hériter de sa part en son absence.

Je ne revis Madame que bien tard, au moment de son coucher. Elle était plus calme. Les choses allèrent de mieux en mieux chaque jour, et le Machault, infidèle ami, fut renvoyé[1]. Le roi revint à son ordinaire chez Madame. J'appris par M. de Marigny que M. l'abbé avait été un jour chez M. d'Argenson pour l'engager à vivre amicalement avec Madame, et qu'il en avait été reçu très froidement. « Il est fier, me dit-il, du renvoi de Machault, qui laisse le champ libre à celui qui a le plus d'expérience et d'esprit ; et je crains que cela n'entraîne un combat à mort. »

Le lendemain, Madame ayant demandé sa chaise, je fus curieuse de savoir où elle allait, parce qu'elle sortait peu, si ce n'était pour aller à l'église ou chez des ministres. On me dit qu'elle était allée chez M. d'Argenson. Elle rentra une heure au plus après, et avait l'air de fort mauvaise humeur. Ensuite elle s'appuya devant la cheminée, les yeux fixés sur le chambranle, M. de Bernis entra. J'attendais qu'elle ôtât son manteau et ses gants, ayant les mains dans son manchon. M. l'abbé resta quelques minutes à la regarder, ensuite lui dit : « Vous avez l'air d'un mouton qui rêve. » Elle sortit de sa rêverie en jetant son manchon sur un fauteuil, et dit : « C'est un loup qui fait rêver le mouton. » Je sortis ; le maître entra peu de temps après, et j'entendis que Madame sanglotait. M. l'abbé entra chez moi, et me dit d'apporter des gouttes d'Hoffmann ; le roi arrangea lui-même la potion avec du sucre, et la lui présenta de l'air le plus gracieux. Elle finit par sourire, et baisa les mains du roi.

Je sortis, et le surlendemain, j'appris de grand matin l'exil de M. d'Argenson[2]. C'était bien sa faute, et c'est le plus grand acte de crédit que Madame ait fait. Le roi aimait beaucoup M. d'Argenson, et la guerre sur mer et sur terre exigeait qu'on ne renvoyât pas ces deux ministres. C'est ce que tout le monde disait dans le moment.

Bien des gens parlent de la lettre du comte d'Argenson à Mme d'Estrades ; la voici, suivant la version la plus exacte : *L'indécis est enfin décidé. Le garde des Sceaux est renvoyé. Vous allez revenir, ma chère comtesse, et nous serons les maîtres du tripot*[1].

Ce qu'il y a de plus secret, c'est qu'on prétend que c'est d'Arboulin, que Madame appelle *Boubou*[2], qui a donné de l'argent, le jour même du renvoi du garde des Sceaux, au courrier de confiance du comte, et qu'il lui a remis cette lettre. Cela est-il bien vrai ? Je n'en jugerais pas, mais on dit que cela est dans le style du comte ; et d'ailleurs, qui aurait aussitôt inventé cette lettre ? Ce qu'il y a de sûr, c'est que le roi a paru trop en colère pour n'avoir pas d'autre sujet de mécontentement que le refus du comte de se réconcilier avec Madame. Personne n'ose marquer de l'attachement pour le ministre disgracié. J'ai demandé à ces dames ce qu'elles savaient, et à mes amis ; ils ne savent rien, et je conçois pourquoi Madame ne leur fait pas en ce moment ses confidences ; mais avec le temps elle sera moins réservée. Tout cela m'inquiète peu, parce qu'elle se porte bien et qu'elle paraît contente.

Une chose qui fait honneur au roi, c'est ce qu'il a dit à un seigneur que Madame n'a pas nommé. Il se frottait les mains d'un air joyeux, en disant : « Je viens de voir partir les bagages de M. d'Argenson. » Ce seigneur était un courtisan assidu du comte ; et le roi, l'entendant, s'approcha de Madame en levant les épaules, et dit : « Et le coq chanta. » C'est ce qui est, je crois, dans l'Évangile, quand Pierre renia Notre Seigneur. J'avoue que cela m'a fait grand plaisir de la

part du roi, et montre bien qu'il n'est pas la dupe de
ceux qui l'entourent, et qu'il hait la trahison, car
c'en est une.

*

   Madame me fit appeler hier à sept heures pour lui
dire quelque chose : ces dames étaient à Paris, et
M. de Gontaut malade. « Le roi, me dit-elle, restera
ce soir longtemps au conseil ; c'est encore pour les
affaires du parlement. » M'ayant fait cesser la lecture, je voulus sortir ; elle me dit : « Restez. » Elle se
leva, on lui apporta une lettre, et elle répondit avec
un air d'impatience et de mauvaise humeur. Enfin,
au bout de quelque temps elle s'ouvrit, ce qui ne lui
arrivait que lorsqu'elle était fort chagrine ; et comme
aucun de ses confidents n'était là, elle me dit : « C'est
de M. mon frère, qui n'aurait pas osé me dire cela ;
il me l'écrit. J'avais arrangé pour lui un mariage
avec la fille d'un homme titré, il paraissait s'y prêter, et je m'étais engagée. Aujourd'hui il me mande
qu'il a pris des informations, que le père et la mère
sont d'une hauteur insupportable, que la fille est
fort mal élevée, et qu'il sait, à n'en pas douter,
qu'ayant eu quelque connaissance du mariage dont
il est question, elle s'était exprimée avec le dernier
mépris ; qu'il en est sûr, et qu'on m'a encore moins
ménagée que lui ; enfin, qu'il me prie de rompre le
mariage. Mais il m'a laissée aller trop avant, et voilà
des ennemis irréconciliables qu'il me fait. Ce sont
quelques-uns de ses complaisants qui lui ont mis
cela dans la tête, parce qu'ils ne voudraient pas qu'il
changeât de vie, et que la plupart ne seraient pas
admis chez sa femme. »
   Je tâchai d'adoucir Madame, et je trouvai, sans le
dire, que son frère avait raison. Elle persista à dire
que c'étaient des mensonges et traita, le dimanche

suivant, son frère très froidement. Il ne me dit rien alors, et il m'aurait fort embarrassée. Madame raccommoda tout, en facilitant par des grâces le mariage de la demoiselle avec un homme de la cour. La conduite qu'elle tint deux mois après son mariage fit dire à Madame que son frère avait bien eu raison.

*

Je vis Mme Du Chiron, mon amie, et elle me dit : « Pourquoi Mme la marquise est-elle si opposée aux jésuites ? Je vous assure qu'elle a tort, et, toute puissante qu'elle est, elle peut s'en trouver fort mal. » Je lui répondis que je n'en savais rien. « Cela est très certain ; et elle ne sent pas qu'un mot de plus ou de moins peut décider de son sort. — Comment l'entendez-vous ? lui dis-je. — Eh bien ! je vais m'ouvrir, répondit-elle. Vous savez ce qui est arrivé à l'assassinat du roi : on a voulu la faire sortir aussitôt du château. Les jésuites n'ont en vue que le salut de leurs pénitents ; mais ils sont hommes, et la haine, sans qu'ils le sachent, peut agir dans leur cœur, et leur inspirer une rigueur plus grande que les circonstances ne l'exigent absolument. Une disposition favorable peut au contraire engager le confesseur à de grands ménagements, et le plus court intervalle suffit pour sauver une favorite, et surtout quand il peut se trouver quelque prétexte honnête pour son séjour à la cour. »

Je convins de tout ce qu'elle disait ; mais je lui dis que je n'oserais toucher cette corde. J'y fis réflexion ensuite, et je vis par là combien les jésuites étaient intrigants, ce que je savais déjà ; je crus néanmoins, malgré ce que j'avais répondu, devoir en faire part à Madame sans aucune réflexion, mais pour l'acquit de ma conscience. « Votre amie Mme Du Chiron, me dit-elle, est affiliée, à ce que je vois, aux jésuites, et ne vous parle pas d'elle-même, elle est détachée par quelque révérend père, et je saurai par lequel. » On mit des espions, à ce que je suppose, à ses trousses, et on sut que c'était un père de Sacy, à ce que je crois, et surtout un père Frey, qui gouvernaient ladite dame. « Quel dommage, me dit Madame, que l'abbé Chauvelin[1] ne puisse savoir cela ! » C'était l'ennemi le plus redoutable des révérends pères. Mme Du Chiron m'a toujours regardée comme janséniste, pour n'avoir pas voulu épouser, comme elle, les intérêts des révérends pères.

*

Madame n'est occupée que de l'abbé de Bernis, qu'elle croyait devoir suffire à tout : elle en parle sans cesse. À propos de cet abbé, il faut que je dise quelque chose de singulier qui ferait croire aux sorciers. Un an ou quinze mois avant sa disgrâce, Madame étant à Fontainebleau, elle se mit devant un petit secrétaire pour écrire ; il y avait au-dessus un portrait du roi. En fermant le secrétaire après avoir écrit, le portrait tomba, et frappa assez fortement sa tête. Les personnes qui en furent témoins s'alarmèrent, et on envoya chercher M. Quesnay. Il se fit expliquer la chose, et ordonna des calmants et une saignée. Comme elle venait d'être faite, entra Mme de Brancas, qui vit du trouble et du mouvement, et Madame sur sa chaise longue. Elle demanda ce que c'était, et on le lui dit. Après avoir témoigné à Madame ses regrets et l'avoir rassurée, elle lui dit : « Je demande en grâce à Madame et au roi (qui venait d'entrer) d'envoyer aussitôt un courrier à M. l'abbé de Bernis, et que Mme la marquise veuille bien lui écrire une lettre dans laquelle, sans autre détail, elle lui demandera de lui marquer ce que lui a dit sa sorcière ; et qu'il ne craigne pas de l'inquiéter. » La chose fut faite, et ensuite Mme de Brancas dit que la Bontemps lui avait prédit dans du marc de café, où elle voyait tout, que la tête de sa meilleure amie était menacée, mais qu'il n'en arriverait rien de fâcheux.

Le lendemain, l'abbé écrivit que Mme Bontemps lui avait dit aussi : « Vous étiez presque noir en venant au monde », et que cela était vrai, et qu'on avait attribué cette couleur, qui avait duré quelque temps, à un tableau qui était devant le lit de sa mère, et qu'elle regardait souvent ce tableau, qui représentait Cléopâtre se tuant au moyen d'une piqûre d'aspic que lui apportait un Maure dans des fleurs. Il dit encore qu'elle lui avait dit : « Vous avez bien de l'argent avec vous, mais il ne vous appartient pas » ; qu'effectivement il avait deux cents louis pour remettre au duc de La Vallière. Enfin, il marquait que, regardant dans la tasse, elle avait dit : « Je vois une de vos amies, la meilleure, une grande dame, menacée d'un accident » ; qu'il devait avouer, malgré sa philosophie, qu'il avait pâli ; qu'elle s'en était aperçue, avait regardé de nouveau, et avait dit : « Sa tête sera un peu menacée, mais il n'y paraîtra pas une demi-heure après. » Il n'y avait pas moyen de douter du fait, et il parut fort étonnant au roi, qui fit prendre des informations sur la sorcière ; mais Madame l'empêcha d'être poursuivie par la police.

*

Il venait souvent chez Madame un homme qui était bien aussi étonnant qu'une sorcière. C'est le comte de Saint-Germain[1], qui voulait faire croire qu'il vivait depuis plusieurs siècles. Un jour Madame lui dit devant moi, à la toilette : « Comment était fait François Ier ? C'est un roi que j'aurais aimé. — Aussi était-il très aimable», dit Saint-Germain, et il dépeignit ensuite sa figure et toute sa personne, comme l'on fait d'un homme qu'on a bien considéré. « C'est dommage qu'il fut trop ardent. Je lui aurais donné un bien bon conseil, qui l'aurait garanti de tous ses malheurs... mais il ne l'aurait pas suivi, car il semble qu'il y ait une fatalité pour les princes, qui ferment leurs oreilles, c'est-à-dire celles de leur esprit, aux meilleurs avis, surtout dans les moments critiques. — Et le connétable, dit Madame, qu'en dites-vous ? — Je ne puis en dire trop de bien et trop de mal, répondit-il. — La cour de François Ier était-elle fort belle ? — Très belle ; mais celle de ses petits-fils la surpassait infiniment et, du temps de Marie Stuart et de Marguerite de Valois, c'était un pays d'enchantement, le temple des plaisirs ; ceux de l'esprit s'y mêlaient. Les deux reines étaient savantes, et c'était un plaisir de les entendre.»

Madame lui dit en riant : « Il semble que vous ayez vu tout cela. — J'ai beaucoup de mémoire, dit-il, et j'ai beaucoup lu l'histoire de France. Quelquefois je m'amuse non pas à *faire croire*, mais à *laisser croire* que j'ai vécu dans les plus anciens temps. — Mais enfin, vous ne dites pas votre âge, et vous vous donnez pour fort vieux. La comtesse de Gergy, qui était il y a cinquante ans, je crois, ambassadrice à Venise, dit vous y avoir connu tel que vous êtes aujourd'hui[1]. — Il est vrai, Madame, que j'ai connu, il y a longtemps, Mme de Gergy. — Mais suivant ce qu'elle dit, vous auriez plus de cent ans à présent. — Cela n'est pas impossible, dit-il en riant ; mais je conviens qu'il est encore plus possible que cette dame, que je respecte, radote. — Vous lui avez donné, dit-elle, un élixir surprenant par ses effets ; elle prétend qu'elle a longtemps paru n'avoir que vingt-quatre ans. Pourquoi n'en donneriez-vous pas au roi ? — Ah ! Madame, dit-il avec une sorte d'effroi, que je m'avise de donner au roi une drogue inconnue! Il faudrait que je fusse fou.»

Je rentrai chez moi pour écrire cette conversation.

Quelques jours après il fut question entre le roi, Madame, quelques seigneurs et le comte de Saint-Germain du secret qu'il avait de faire disparaître les taches des diamants. Le roi se fit apporter un diamant médiocre en grosseur, qui avait une tache. On le fit peser, et le roi dit au comte : «Il est estimé six mille livres, mais il en vaudrait dix sans la tache. Voulez-vous vous charger de me faire gagner quatre mille francs?» Il l'examina bien, et dit: «Cela est possible, et dans un mois je le rapporterai à Votre Majesté.» Le comte, un mois après, rapporta au roi le diamant sans tache; il était enveloppé dans une toile d'amiante, qu'il ôta. Le roi le fit peser et, à quelque petite chose près, il était aussi pesant. Le roi l'envoya à son joaillier, sans lui rien dire, par M. de Gontaut, qui rapporta neuf mille six cents livres; mais le roi le fit redemander, pour le garder par curiosité. Il ne revenait pas de sa surprise, et il disait que M. de Saint-Germain devait être riche à millions, surtout s'il avait le secret de faire avec de petits diamants de gros diamants. Il ne dit ni oui ni non; mais il assura très positivement qu'il savait faire grossir les perles et leur donner la plus belle eau.

Le roi le traitait avec considération, ainsi que Madame. C'est elle qui m'a raconté ce que je viens de dire. M. Quesnay m'a dit, au sujet des perles: «C'est une maladie des huîtres, et il est possible d'en savoir le principe. Ainsi M. de Saint-Germain peut grossir les perles; mais il n'en est pas moins un charlatan, puisqu'il a un élixir de longue vie, et qu'il donne à entendre qu'il a plusieurs siècles. Le maître, au reste, en est entêté, et en parle quelquefois comme étant d'une illustre naissance.»

Je l'ai vu plusieurs fois : il paraissait avoir cinquante ans ; il n'était ni gras ni maigre, avait l'air fin, spirituel, était mis très simplement, mais avec goût ; il portait aux doigts de très beaux diamants, ainsi qu'à sa tabatière et à sa montre. Il vint, un jour où la cour était en magnificence, chez Madame avec des boucles de souliers et de jarretières en diamants fins si belles que Madame dit qu'elle ne croyait pas que le roi en eût d'aussi belles. Il passa dans l'antichambre pour les défaire et les apporter pour les voir de plus près ; et, en comparant les pierres à d'autres, M. de Gontaut, qui était là, dit qu'elles valaient au moins deux cent mille francs. Il avait ce même jour une tabatière d'un prix infini, et des boutons de manches de rubis qui étaient étincelants. On ne savait pas d'où cet homme était si riche, si extraordinaire, et le roi ne souffrait pas qu'on en parlât avec mépris et raillerie. On l'a dit bâtard d'un roi du Portugal.

*

Je sus par M. de Marigny que les parents de la bonne petite maréchale lui avaient fait une grande querelle sur la bassesse prétendue de sa conduite avec Madame : elle recevait, disait-on, les noyaux de cerises que Madame mangeait quelquefois en voiture dans ses belles petites mains, et elle se mettait sur le devant de la voiture, Madame étant seule sur le fond. La vérité est qu'en allant à Crécy par une chaleur affreuse, chacune de ces dames avait voulu être seule sur un côté de la voiture, et cela pour avoir moins chaud ; et pour ce qui est des cerises, des villageoises en ayant apporté à ces dames, elles en mangèrent pour se rafraîchir pendant qu'on changeait de chevaux ; et la maréchale ayant prêté son mouchoir, qui leur servit à toutes deux, elle jeta par la portière les noyaux qu'elle y avait jetés en les mangeant. Les gens qui relayaient en même temps avaient arrangé cela à leur manière.

*

J'avais, comme vous savez, un très joli appartement à l'hôtel, où j'allais presque toujours à couvert[1]. J'avais reçu deux ou trois personnes de Paris, qui m'avaient dit des nouvelles ; et Madame m'ayant fait appeler, je me rendis auprès d'elle et la trouvai avec M. de Gontaut. Je ne pus m'empêcher de lui dire en entrant : « Madame doit être fort contente de la belle action de M. le marquis de... » Madame me dit d'un ton sec : « Taisez-vous, et écoutez ce que j'ai à vous dire. »

Rentrée dans ma petite chambre, je reçus la visite de Mme la comtesse d'Amblimont, et je lui racontai la mauvaise réception que m'avait faite Madame. « Je vois ce que c'est, me dit-elle, et cela n'a aucun rapport à vous ; je vais vous expliquer la chose. Le marquis de... a raconté à tout Paris qu'il y a quelques jours, se rendant à pied et seul chez lui pendant la nuit, il avait entendu des cris dans une rue sombre et voûtée à moitié qu'on appelle *Férou* ; qu'il avait mis l'épée à la main, et était entré dans cette rue, où il avait vu à la lueur de la lanterne une très belle femme, et bien mise, à qui l'on faisait violence ; qu'il s'était approché, et que la jeune femme lui avait dit : "Soyez mon libérateur" ; qu'il avait fondu sur les assassins dont deux, l'épée à la main, s'étaient battus contre lui, tandis qu'un autre tenait la femme, dont il s'efforçait de fermer la bouche ; qu'il en avait blessé un au bras, et que, comme on entendit que des gens passaient au bout de la rue, et qu'on craignit qu'ils n'y entrassent, ils s'étaient enfuis ; qu'il s'était alors approché de la dame, qui lui avait dit que ce n'étaient pas des voleurs, mais de grands scélérats, dont l'un était amoureux fou d'elle; que la dame s'était confondue en témoignages de reconnaissance; qu'elle lui avait demandé de ne pas la suivre, après l'avoir conduite jusqu'à un fiacre; qu'elle n'avait pas voulu dire son nom, mais qu'elle lui avait fait accepter une petite bague, pour signe de souvenir, et qu'elle lui avait promis de le voir et de lui tout dire, s'il voulait lui donner son adresse; qu'il avait obéi à la dame, qui est charmante, et qui l'avait embrassé à plusieurs reprises, dans l'effusion de sa reconnaissance. Voilà qui est très beau, dit Mme la comtesse d'Amblimont; mais écoutez le reste.

« Le marquis de... s'est présenté le lendemain partout, avec un taffetas noir près du poignet, où il dit avoir reçu une estafilade. Il a raconté son histoire à tout le monde, et chacun a fait ses commentaires. Il a été au dîner de M. le dauphin, qui lui a parlé de sa bravoure et de la belle inconnue, et lui a dit en avoir fait compliment à M. le duc de C...

« J'oubliais de vous dire que le soir même, me dit Mme d'Amblimont, il était entré chez Mme d'Estillac, vieille joueuse, où l'on ne se couche qu'à quatre heures du matin, qu'il avait surpris tout le monde par le désordre où il était, sa bourse étant tombée, et ayant un pan de son habit percé, et sa main droite étant en sang; qu'on s'était empressé d'y mettre une compresse, et de lui faire prendre du vin de Rota.

« Il y a quatre jours que M. le duc de C... a soupé chez le roi, et s'est trouvé auprès de M. de Saint-Florentin[1]. Il lui a parlé de l'aventure de son parent, et lui a demandé s'il avait fait quelque perquisition sur la dame. M. de Saint-Florentin a répondu sèchement que non; et M. de C... lui ayant encore fait quelques questions, il a remarqué qu'il avait les yeux baissés sur son assiette, qu'il répondait d'un air embarrassé, et seulement par monosyllabes. Il lui en a demandé la raison, et M. de Saint-Florentin lui a dit qu'il souffrait de le voir ainsi dans l'erreur. "Comment, a répondu M. de C..., pouvez-vous le savoir, si cela est ? — Rien n'est plus aisé à vous prouver, dit M. de Saint-Florentin. Vous sentez bien que j'ai ordonné, aussitôt que j'ai été instruit du combat de M. le marquis de..., de faire des recherches ; et il s'est trouvé que la nuit où s'est passé, dit-on, cet événement, il y avait dans cette petite rue une escouade du guet en embuscade, pour attendre un filou qui devait sortir d'un tripot ; qu'elle y a resté jusqu'à près de quatre heures, et n'a pas entendu le moindre bruit." M. de C... est devenu furieux en écoutant ce récit, dont M. de Saint-Florentin avait dû rendre compte au roi. Il fera dire, ou l'a déjà fait dire, à son parent de se rendre à son département.

« Voyez, d'après cela, ma chère bonne, si vous avez dû être bien reçue lorsque vous êtes venue, la gueule enfarinée[1], faire votre compliment à Mme la marquise ! Cette aventure, me dit-elle en outre, a donné lieu au roi de raconter qu'il y a quinze ans environ M. le comte d'E..., étant ce qu'on appelle *enfant d'honneur* auprès de M. le dauphin, et âgé de quatorze ans environ, rentra un soir sa bourse arrachée, ses manchettes déchirées, chez M. le dauphin, et raconta qu'étant allé se promener à la pièce d'eau des suisses un peu tard il avait été attaqué par deux voleurs ; qu'il n'avait rien voulu leur donner ; qu'il s'était mis en défense l'épée à la main ; que l'un avait une épée, l'autre un gros bâton, dont il avait reçu plusieurs coups, mais qu'il en avait blessé un au bras ; qu'en ce moment ils avaient entendu du bruit, et s'étaient enfuis. Mais malheureusement pour le comte, on sut qu'il y avait eu du monde dans l'endroit et à l'heure dont il parlait, et qu'on n'avait rien entendu. On excusa le comte d'après son âge, M. le dauphin lui ayant fait avouer la vérité ; et on regarda cela comme une envie d'enfant de faire parler de soi. »

*

Le roi n'aimait pas le roi de Prusse, qu'il savait faire des plaisanteries sur la vie qu'il menait et sur sa maîtresse. Il n'aurait tenu qu'à ce prince, à ce que j'ai entendu dire, que le roi de France eût été son plus ferme allié et son ami, autant que les souverains peuvent l'être entre eux ; mais les railleries de Frédéric l'avaient ulcéré, et furent cause du traité de Versailles[1]. Il entra un jour chez Madame avec un papier à la main, et lui dit : « Le roi de Prusse est certainement un grand homme, il aime les gens à talents, et comme Louis XIV il veut faire retentir l'Europe de ses bienfaits envers les savants des pays étrangers. » Madame et M. de Marigny, qui était présent, attendaient. « Voilà, dit-il, une lettre de lui, adressée à milord Maréchal[2], pour lui ordonner de faire part à un homme *supérieur* de mon royaume d'une pension qu'il lui accorde » ; et jetant les yeux sur la lettre, il lut ces mots :

Vous saurez qu'il y a un homme à Paris, du plus grand mérite, qui ne jouit pas des avantages d'une fortune proportionnée à ses talents et à son caractère. Je pourrais servir d'yeux à l'aveugle déesse, et réparer au moins quelques-uns de ses torts ; et je vous prie d'offrir, par cette considération [...]. Je me flatte qu'il acceptera cette pension en faveur du plaisir que j'aurai d'avoir obligé un homme qui joint la beauté du caractère aux talents les plus *sublimes* de l'esprit.

Le roi s'arrêta, et dans ce moment arrivèrent MM. de Gontaut et d'Ayen, auxquels il recommença la lettre ; et il ajouta : « Elle m'a été remise par le ministre des Affaires étrangères, à qui l'a confiée milord Maréchal, pour que je permette au *génie sublime* d'accepter ce bienfait. Mais, dit le roi, à combien croyez-vous que se monte ce bienfait ? » Les uns dirent : « Six, huit, dix mille livres. — Vous n'y êtes pas, dit le roi, *à douze cents livres*. — Pour des talents sublimes, dit le duc d'Ayen, ce n'est pas beaucoup. Mais les beaux esprits feront retentir dans toute l'Europe cette lettre, et le roi de Prusse aura le plaisir de faire du bruit à peu de frais. »

Le chevalier de Courten[1], qui avait été en Prusse, entra, et entendant raconter cette histoire, il dit : « J'ai vu bien mieux : en passant par je ne sais quel village en Prusse, je suis descendu à la poste, en attendant des chevaux ; et le maître de la poste, qui était un capitaine prussien, m'a montré plusieurs lettres de la main de Frédéric, adressées à son oncle, homme de naissance, qu'il traitait de son ami, lui promettant d'avoir soin de ses neveux ; et ce qu'il a accordé à l'aîné, cruellement blessé, est la place de maître de poste, qu'il occupait. »

M. de Marigny raconta cette histoire chez Quesnay, et il ajouta que l'homme de génie était d'Alembert[2], et que le roi lui avait permis d'accepter la pension. Sa sœur avait, disait-il, insinué au roi de donner le double à d'Alembert, et de lui défendre d'accepter la pension. Mais il n'avait pas voulu, parce qu'il regardait d'Alembert comme un impie. M. de Marigny prit copie de la lettre, qu'il me confia.

*

Un certain seigneur eut l'air, pendant un temps, de faire les yeux doux à Mme Adélaïde[3], qui ne s'en apercevait pas ; mais comme il y a des Argus à la cour, on ne manqua pas d'en faire rapport au roi, qui crut s'en être aperçu. J'ai su qu'il entra un jour en colère chez Madame, et qu'il lui dit : « Croiriez-vous qu'il y a dans ma cour un homme assez insolent pour oser lever les yeux sur mes filles ? » Jamais Madame ne l'avait vu si en colère ; et on fit donner l'avis à ce grand seigneur de feindre qu'il avait besoin d'aller dans ses terres, où il resta deux mois. Madame a dit, longtemps après, qu'il n'y avait point de supplices auxquels le roi n'eût condamné un homme qui aurait séduit une de ses filles. Mme Adélaïde, à l'époque dont il s'agit, était charmante, et joignait à la plus aimable figure une grâce infinie et beaucoup de talents.

*

Un courrier ayant apporté une lettre à Madame, elle fondit en larmes : c'était la nouvelle de Rossbach[1], que lui mandait M. de Soubise, avec des détails. J'entendis Madame dire au maréchal de Belle-Isle, en s'essuyant les yeux : « M. de Soubise est inconsolable ; il ne cherche point à s'excuser, il ne voit que le désastre qui l'accable. — Cependant, dit M. de Belle-Isle, M. de Soubise aurait beaucoup de choses à dire en sa faveur, et je l'ai dit au roi. — Il est bien beau à vous, Monsieur le maréchal, de ne pas laisser accabler un malheureux ; le public est déchaîné contre lui : que lui a-t-il fait ? — Il n'y a pas, dit M. de Belle-Isle, un plus honnête homme et plus obligeant. Je ne fais que mon devoir en rendant justice à la vérité, et à un homme pour qui j'ai la plus profonde estime. Le roi vous expliquera, Madame, que M. de Soubise a été forcé de donner la bataille par le prince de Saxe-Hildbourgshausen, dont les troupes ont fui les premières et entraîné les Français. » Madame aurait embrassé le vieux maréchal, si elle l'eût osé, tant elle était contente.

M. de Soubise ayant gagné une bataille[1] fut fait maréchal de France; Madame était enchantée du succès de son ami. Mais soit qu'il ne fût pas important, soit ressentiment de la part du public, personne n'en parlait, si ce n'est les amis de Madame. On lui cacha cette défaveur; et à sa toilette, ayant dit à Colin, son intendant: «N'êtes-vous pas bien aise de la victoire de M. de Soubise? Qu'en dit-on dans le public? Il a bien pris sa revanche», Colin, embarrassé, ne savait que répondre. Enfin, elle le pressa, et il dit qu'il avait été malade, et n'avait vu personne depuis huit jours[2].

*

M. de Marigny entra un jour chez moi de mauvaise humeur; je lui en demandai le sujet. «Je viens, dit-il, de faire des représentations à ma sœur pour qu'elle ne place pas à la marine M. Lenormand de Mézy[3]. C'est amasser, lui ai-je dit, des charbons de plus sur sa tête: une favorite ne doit point multiplier contre elle les points d'attaque.» Le docteur entra; il le lui répéta. «Vous valez, dit le docteur à M. de Marigny, votre pesant d'or pour le sens et la capacité dans votre place et pour votre modération; mais on ne vous rendra point justice... Votre avis est excellent; il n'y aura pas un vaisseau de pris que Madame n'en soit responsable au public; et vous êtes bien sage de ne pas songer au ministère pour vous-même.»

*

Un jour que j'étais à Paris, j'allai dîner chez le docteur, qui s'y trouvait aussi; il y avait assez de monde, contre son ordinaire, et entre autres un jeune maître des requêtes d'une belle figure, qui portait un nom de terre que je ne me rappelle pas, mais qui était fils du prévôt des marchands Turgot[1]. On parla beaucoup d'administration, ce qui d'abord ne m'amusa pas ; ensuite il fut question de l'amour des Français pour leur roi. M. Turgot prit la parole et dit : « Cet amour n'est point aveugle ; c'est un sentiment profond, et un souvenir confus de grands bienfaits. La nation, et je dirai plus, l'Europe et l'humanité doivent à un roi de France (j'ai oublié le nom)[2] la liberté ; il a établi les communes, et donné à une multitude immense d'hommes une existence civile. Je sais qu'on peut dire avec raison qu'il a servi son intérêt en les affranchissant ; qu'ils lui ont payé des redevances, et qu'enfin il a voulu par là affaiblir la puissance des grands et de la noblesse ; mais qu'en résulte-t-il ? Que cette opération est à la fois utile, politique et humaine. » Des rois en général, on passa à Louis XV ; et le même M. Turgot dit que son règne serait à jamais célèbre pour l'avancement des sciences, le progrès des Lumières et de la philosophie. Il ajouta qu'il manquait à Louis XV ce que Louis XIV avait de trop, une grande opinion de lui-même ; qu'il était instruit, que personne ne connaissait mieux que lui la topographie de la France ; qu'au conseil son avis était toujours le plus juste ; qu'il était fâcheux qu'il n'eût pas plus de confiance en lui-même, ou ne plaçât pas sa confiance dans un Premier ministre approuvé de la nation. Tout le monde fut de son avis ; je priai M. Quesnay d'écrire ce qu'avait dit le jeune Turgot, et je le montrai à Madame. Elle fit à ce sujet l'éloge de ce maître des requêtes ; et, en ayant parlé au roi, il dit : « C'est une bonne race[3]. »

*

Un jour que j'avais été me promener, je vis en revenant beaucoup de gens aller et venir, se parler en particulier ; et il était aisé de juger qu'il s'était passé quelque chose d'extraordinaire. Je demandai à quelqu'un de ma connaissance ce que c'était. « Hélas ! me dit-il les larmes aux yeux, des assassins, qui ont formé le projet de tuer le roi, ont blessé en plusieurs endroits un garde du corps qui les a entendus dans un corridor obscur : on l'a porté à l'infirmerie ; et comme il a désigné la couleur de l'habit de ces deux hommes, on les cherche partout, et on a arrêté des gens qui sont vêtus de cette couleur. » Je vis Madame avec M. de Gontaut, et je m'empressai d'entrer. Elle trouva sa porte assiégée d'une multitude de gens, et fut effrayée ; mais en entrant elle trouva chez elle M. le comte de Noailles. « Qu'est-ce donc, lui dit-elle, Monsieur le comte ? » Il lui dit qu'il était venu pour lui parler, et ils entrèrent dans son cabinet. La conférence ne fut pas longue ; j'étais restée dans le salon avec l'écuyer de Madame, le chevalier de Sosent, Gourbillon, son valet de chambre, et quelques personnes étrangères. On raconta beaucoup de circonstances ; mais le genre de blessures n'étant que des égratignures, quelques contradictions échappées au garde du corps faisaient croire que c'était un imposteur qui avait imaginé une fable pour obtenir quelque grâce. La soirée ne se passa pas sans en avoir la preuve, et, je crois, de son propre aveu.

Le roi vint le soir chez Madame ; il parla de cet événement avec beaucoup de sang-froid, et dit : « Le monsieur qui a voulu me tuer était un scélérat fou ; celui-ci est un vil gueux. » Il n'appelait jamais Damiens, lorsqu'il en parlait, ce qui n'a duré que quelque temps pendant son procès, que *ce monsieur*. J'ai entendu dire qu'il avait proposé de l'enfermer dans un cachot, mais que l'horreur du forfait avait fait insister les juges à ce qu'il subît tous les tourments de ses pareils. Beaucoup de personnes, et des femmes même, ont eu la curiosité barbare d'assister à cette exécution, entre autres une Mme de P..., femme d'un fermier général, et très belle. Elle avait loué une croisée ou deux douze louis, et l'on jouait dans la chambre en l'attendant. Cela fut raconté au roi, et il mit les deux mains sur ses yeux, en disant : « Fi, la vilaine ! » On m'a dit qu'elle et d'autres avaient cru faire leur cour par là, et signaler leur attachement pour la personne du roi.

Deux choses me furent racontées par M. Duclos, lors de l'assassinat du roi : la première est la singulière arrivée de M. le comte de Sponheim, qui était le duc de Deux-Ponts[1], et héritier du Palatinat et de la Bavière. Il passait pour être l'ami du roi, et faisait de longs séjours en France. Il venait très souvent chez Madame ; le roi le traitait avec beaucoup de considération, et lui témoignait de l'amitié. M. Duclos nous raconta que le duc de Deux-Ponts, ayant appris à Deux-Ponts l'assassinat du roi, était aussitôt monté en voiture pour se rendre à Versailles. « Mais, dit-il, admirez l'esprit de courtisanerie d'un prince qui peut devenir demain électeur de Bavière et du Palatinat : il ne trouve pas que ce soit assez et, à dix lieues de Paris, il prend de grosses bottes, monte un cheval de poste et arrive, claquant son fouet, dans la cour du château. Si ce n'était pas de la charlatanerie, et que ce fût une impatience réelle, il aurait monté à cheval à vingt lieues d'ici. — Je ne pense pas comme vous, dit un monsieur que je ne connaissais pas : l'impatience prend souvent à la fin d'une entreprise, et l'on emploie le moyen le plus prompt qui est en notre pouvoir. D'ailleurs, il se peut faire que M. le duc de Deux-Ponts ait voulu, en se montrant ainsi à cheval, servir le roi qu'il aime, en faisant voir aux Français combien le roi est aimé et honoré dans les pays étrangers. »

Duclos reprit la parole et dit : « Et M. de C...,

savez-vous son histoire ? Le premier jour que le roi a reçu du monde, il s'est tant poussé qu'il est entré un des premiers avec un assez mauvais habit noir ; et le roi, l'ayant regardé, s'est mis à rire, et a dit : "Voyez donc C... qui a la moitié de la basque de son habit emportée." M. de C... a regardé comme s'il n'en savait rien, et a dit : "Sire, il y a tant de monde qui s'empresse de voir Votre Majesté, qu'il faut faire le coup de poing pour avancer, et c'est sans doute là ce qui a fait déchirer mon habit. — Heureusement qu'il ne vaut pas grand'chose, a dit M. le marquis de Souvré, et vous n'auriez pas pu en choisir un plus mauvais pour le sacrifier." »

*

On avait donné à Madame un fort bon conseil : c'était de faire envoyer à Constantinople, en qualité d'ambassadeur, M. Lenormand, son mari[1]. Cela aurait diminué une partie du scandale qu'il y avait à voir Madame avec le titre de marquise à la cour, et son mari fermier général à Paris. Mais il était tellement attaché à la vie de Paris, à ses habitudes à l'Opéra, qu'on ne put jamais le déterminer. Madame chargea un M. d'Arboulin, qui avait été de sa société avant qu'elle fût à la cour, de négocier cette affaire. Il s'adressa à une Mlle Rem, qui avait été danseuse à l'Opéra, et qui était la maîtresse de M. Lenormand. Il lui fit les plus belles promesses ; mais elle était comme lui, et préférait la vie de Paris. Elle ne voulut point s'en mêler.

*

Dans le temps qu'on jouait la comédie aux petits appartements, j'obtins, par un singulier moyen, une lieutenance du roi pour un de mes parents ; et cela prouve bien le prix que mettent les plus grands aux plus petits accès à la cour. Madame n'aimait rien demander à M. d'Argenson; et, pressée par ma famille, qui ne pouvait concevoir qu'il me fût difficile, dans la position où j'étais, d'obtenir pour un bon militaire un petit commandement, je pris le parti d'aller trouver M. le comte d'Argenson. Je lui exposai ma demande, et lui remis un mémoire. Il me reçut froidement, et me dit des choses vagues. Je sortis, et M. le marquis de V...[1], qui était dans son cabinet, et qui avait entendu ma demande, me suivit. « Vous désirez, me dit-il, un commandement; il y en a un de vacant qui m'est promis pour un de mes protégés; mais si vous voulez faire un échange de grâces, et m'en faire obtenir une, je vous le céderai. Je voudrais être exempt de police, et vous êtes à portée de me procurer cette place. » Je lui dis que je ne concevais pas la plaisanterie qu'il faisait. « Voici ce que c'est, dit-il : on va jouer le *Tartuffe* dans les cabinets; il y a un rôle d'exempt qui consiste en très peu de vers. Obtenez de Mme la marquise de me faire donner ce rôle, et le commandement est à vous. » Je ne promis rien, mais je racontai l'histoire à Madame, qui me promit de s'en charger. La chose fut faite, j'obtins mon commandement, et M. de V... remercia Madame comme si elle l'eût fait duc.

*

Le roi était souvent importuné par les parlements, et il tint à leur sujet un bien étrange propos, que répéta devant moi M. de Gontaut au docteur Quesnay. « Hier le roi, dit-il, se promenait dans le salon d'un air soucieux. Mme de Pompadour lui demanda s'il avait de l'inquiétude sur sa santé, parce qu'il est depuis quelque temps un peu indisposé. Il a répondu : "Non; mais je suis bien ennuyé de toutes ces remontrances. — Que peut-il en arriver, a dit Madame, qui doive inquiéter sérieusement Votre Majesté? N'est-elle pas le maître des parlements, comme de tout son royaume? — Cela est vrai, dit le roi; mais sans ces conseillers et ces présidents, je n'aurais pas été frappé par ce *monsieur* (il appelait toujours ainsi son assassin). — Ah! Sire, s'est écriée Mme de Pompadour. — Lisez le procès, a-t-il dit; ce sont les propos de ces messieurs, qu'il nomme, qui ont bouleversé sa tête. — Mais, a dit Madame, j'ai souvent songé que, si l'on pouvait envoyer à Rome M. l'archevêque[1]... — Trouvez quelqu'un qui fasse cette affaire-là, a-t-il dit, et je lui donnerai ce qu'il voudra." »

Quesnay dit que le roi avait raison dans tout ce qu'il avait dit.

L'archevêque fut exilé peu de temps après, et le roi était sérieusement affligé d'avoir été réduit à prendre ce parti. «Quel dommage, disait-il souvent, qu'un aussi honnête homme soit aussi opiniâtre! — Et aussi borné, dit un jour quelqu'un. — Taisez-vous», lui a dit brusquement le roi. M. l'archevêque était très charitable, et d'une extrême libéralité; mais souvent il faisait des pensions sans discernement. Il en avait accordé une de cent louis à une jolie femme très pauvre, et qui portait un beau nom qui ne lui appartenait pas. La crainte qu'elle ne donnât dans le vice l'avait engagé à lui faire une aumône aussi forte, et la femme jouait l'hypocrite à merveille; et, sortie de l'archevêché en grandes coiffes, elle se divertissait avec plus d'un amant.

Les grands ont la mauvaise habitude de parler devant leurs gens fort indiscrètement. M. de Gontaut dit un jour ces mots couverts, à ce qu'il croyait, au duc de ..., qu'on «avait si bien pris ses mesures qu'on viendrait à bout de persuader à M. l'archevêque d'aller à Rome avec le chapeau de cardinal et que, s'il voulait, on lui donnerait un coadjuteur». On avait trouvé un prétexte très plausible pour amener cette proposition et la faire trouver flatteuse à l'archevêque, et conforme à ses sentiments. L'affaire avait été adroitement entamée, et le succès paraissait certain. Le roi n'avait pas l'air de rien savoir vis-à-vis de l'archevêque. Le négociateur agissait comme d'après son idée, pour le bien des affaires. C'était un ami de l'archevêque, et qui était sûr d'être bien récompensé. Un valet de chambre du duc de Gontaut, fort joli garçon, avait parfaitement saisi le sens de ce qu'il avait dit mystérieusement. Il était un des amants de la dame aux cent louis, à qui il entendait parler quelquefois de l'archevêque, dont elle se disait parente. Il crut bien faire de l'avertir qu'on travaillait auprès de lui pour le déterminer à résider à Rome, uniquement pour l'éloigner de Paris. La dame ne manqua pas d'avertir l'archevêque, craignant de perdre sa pension s'il partait. Cet avis cadrait si bien avec la négociation entamée que l'archevêque n'eut aucun doute sur sa vérité. Il se refroidit peu à peu dans ses négociations avec le négociateur, qu'il regarda comme un traître, et il finit par se brouiller avec lui.

Ces détails n'ont été sus que longtemps après. L'amant de la dame ayant été mis à Bicêtre, on trouva dans ses papiers des lettres qui mirent sur la voie, et on lui fit avouer le reste. Pour ne pas compromettre le duc de Gontaut, il fut dit au roi que le valet de chambre avait su l'affaire par une lettre qu'il avait prise dans l'habit de son maître. Le roi se donna le plaisir d'humilier l'archevêque, en conséquence des renseignements qu'il avait pris sur la conduite de la dame, sa protégée. Elle fut trouvée coupable d'escroqueries faites de concert avec son cher amant; mais avant de la punir, le lieutenant de police fut chargé de voir Monseigneur et de lui rendre compte de la conduite de sa parente et de sa pensionnaire. L'archevêque n'eut aucune objection à faire, d'après les preuves qu'on lui donna ; il dit, sans s'émouvoir, qu'elle n'était point sa parente, et, levant les yeux au ciel : « C'est une malheureuse, dit-il, qui m'a ravi le bien des pauvres par ses impostures. Mais Dieu sait qu'en lui donnant une pension aussi forte je n'ai point agi légèrement. J'avais, dans ce temps, l'exemple d'une jeune femme qui m'avait demandé dix-huit cents francs, me promettant de vivre très sagement, ce qu'elle avait fait jusque-là ; je la refusai, et elle me dit en sortant : "Je tournerai à gauche, Monseigneur, puisque le chemin m'est fermé à droite." La malheureuse n'a que trop tenu parole : elle a trouvé moyen d'avoir chez elle un pharaon[1] qu'on tolère, et à la plus mauvaise conduite elle joint l'infâme métier de corruptrice de la jeunesse ; sa maison est le repaire de tous les vices. Jugez, d'après cela, Monsieur, s'il n'était pas prudent à moi de faire à la femme dont il s'agit une pension convenable à l'état où je la croyais née, afin d'empêcher que, jeune, jolie, spirituelle, elle n'abusât de ces dons, ne se perdît, et n'en entraînât d'autres ? » Le lieutenant de police dit au roi qu'il avait été touché de la candeur et de la noble simplicité du prélat : « Je n'ai jamais douté, dit le roi, de ses vertus ; mais je voudrais qu'il se tînt tranquille. »

Le même archevêque avait fait une pension de douze cents livres au plus mauvais sujet de Paris : c'est un poète qui a fait des poèmes abominables[2], la pension est donnée à condition que ses poèmes ne seront point imprimés. Je tiens ce fait de M. de Marigny, a qui il les a récités un jour qu'il soupait avec lui et quelques gens de la cour, pour leur débiter son horrible poème. Il fit sonner de l'or qui était dans sa poche. « C'est de mon bon archevêque, dit-il ; je lui tiens parole : mon poème ne sera point imprimé pendant ma vie, mais je le lis... » Puis il se mit à rire. « Que dirait ce bon prélat, s'il savait que j'eusse partagé mon quartier avec une charmante petite danseuse des Italiens ? "C'est donc l'archevêque qui m'entretient ? m'a-t-elle dit. Que cela est drôle !" » Le roi le sut et en fut scandalisé. « On est bien embarrassé pour faire le bien », dit-il.

*

Le roi entra un jour chez Madame, qui finissait de s'habiller ; j'étais seule avec elle. « Il vient de m'arriver une singulière chose, dit-il. Croiriez-vous qu'en rentrant dans ma chambre à coucher, sortant de ma garde-robe, j'ai trouvé un monsieur face à face de moi ? — Ah ! Dieu ! Sire, dit Madame, effrayée. — Ce n'est rien, reprit-il ; mais j'avoue que j'ai eu une grande surprise ; cet homme a paru tout interdit. "Que faites-vous ici ?" lui ai-je dit d'un ton assez poli. Il s'est mis à genoux, en me disant : "Pardonnez-moi, Sire, et avant tout faites-moi fouiller." Il s'est hâté lui-même de vider ses poches ; il a ôté son habit, tout troublé, égaré ; enfin il m'a dit qu'il était cuisinier de... et ami de Beccari, qu'il était venu voir, et que s'étant trompé d'escalier, et toutes les portes s'étant trouvées ouvertes, il était arrivé jusqu'à la chambre où il était, et dont il serait bien vite sorti. J'ai sonné, et Guimard est entré, et a été fort surpris de mon tête-à-tête avec un homme en chemise. Il a prié Guimard de passer avec lui dans une autre pièce et de le fouiller dans les endroits les plus secrets. Enfin le pauvre diable est rentré et a remis son habit. Guimard me dit : "C'est certainement un honnête homme qui dit la vérité, et dont on peut, au reste, s'informer." Un autre de mes garçons du château est entré et s'est trouvé le connaître : "Je réponds, m'a-t-il dit, de ce brave homme, qui fait d'ailleurs mieux que personne du bœuf à l'écarlate." Voyant cet homme si interdit qu'il ne savait trouver la porte ni se tenir en place, j'ai tiré de mon bureau cinquante louis : "Voilà, Monsieur, pour calmer vos alarmes." Il est sorti, après s'être prosterné. »

Madame se récria sur ce qu'on pouvait ainsi entrer dans la chambre du roi. Il parla d'une manière très calme de cette étrange apparition ; mais on voyait qu'il se contraignait et que, comme de raison, il avait été effrayé. Madame approuva beaucoup la gratification, et elle avait d'autant plus de raison que cela n'était nullement la coutume du roi.

M. de Marigny, me parlant de cette aventure, que je lui avais racontée, me dit qu'il aurait parié mille louis contre le don des cinquante louis si tout autre que moi lui eût raconté ce trait. « C'est une chose singulière, m'ajouta-t-il, que toute la race des Valois ait été libérale à l'excès, et il n'en est pas tout à fait de même de celle des Bourbons, accusée d'être un peu avare. Henri IV a passé pour être avare. Il donnait à ses maîtresses parce qu'il était faible avec elles, et il jouait avec l'âpreté d'un homme dont la fortune dépend du jeu. Louis XIV donnait par faste. C'est une chose bien étonnante (me dit aussi M. de Marigny) que celle qui aurait pu malheureusement arriver. Le roi pouvait être assassiné dans sa chambre sans que personne en eût connaissance, et sans qu'on eût pu savoir par qui. »

Madame fut plus de quinze jours affectée de cela.

*

Elle eut, dans ce temps-là à peu près, une querelle avec son frère, et tous deux avaient raison. On lui offrait pour lui la fille d'un des plus grands seigneurs de la cour, et le roi consentait à le faire duc à brevet, et même héréditaire. Elle avait raison de vouloir élever son frère; mais celui-ci disait qu'il aimait avant tout sa liberté, et qu'il n'en ferait le sacrifice que pour une personne qu'il aimerait. C'était un véritable philosophe épicurien, qui était très capable, à ce que disaient ceux qui le connaissaient et qui en jugeaient sans envie. Il n'a tenu qu'à lui d'avoir la survivance de M. de Saint-Florentin et la marine à la retraite de M. de Machault; il dit à sa sœur, à cette époque: « Je vous épargne bien des chagrins en vous privant d'une petite satisfaction; le public serait injuste envers moi, quelque bien que je fisse dans ma place. Quant à celle de M. de Saint-Florentin, il peut vivre vingt-cinq ans, et cela ne m'avancerait de rien. Les maîtresses sont assez haies par elles-mêmes sans qu'elles s'attirent encore la haine qu'on porte aux ministres. » C'est M. Quesnay qui m'a raconté cette conversation.

*

Le roi eut encore une maîtresse qui inquiéta Madame : c'était une femme de qualité, dont le mari était l'un des courtisans les plus assidus. Il était né sans biens, et sa femme était peu riche. Un homme attaché au roi, et qui avait l'occasion de visiter les habits qu'il quittait, me demanda un jour un rendez-vous, et me dit qu'il était fort attaché à Madame, parce qu'elle était bonne et utile au roi; que, le roi ayant changé d'habit, comme il le serait, il était tombé une lettre; qu'il avait eu la curiosité de la lire, et qu'elle était de la comtesse de..., qui avait déjà cédé à ses désirs. Il me rapporta ensuite les termes dans lesquels elle exigeait le renvoi de Madame dans quinze jours, et au moment cinquante mille écus d'argent comptant, un régiment pour un de ses parents, un évêché pour un autre, etc.

Je répondis à cette personne que j'en ferais part à

Madame, qui se conduisit avec une grandeur d'âme singulière. Elle me dit : « Je devrais instruire le roi de la trahison de son domestique, qui peut user des moyens qu'il a par sa place pour dérober et abuser de secrets importants ; mais il me répugne d'être l'auteur de la perte d'un homme. Cependant je ne puis le laisser auprès du roi, et voici ce que je vais faire : dites-lui qu'il y a un emploi de dix mille livres de rente vacant en province, qu'il le demande au ministre des finances et qu'il emploie ses protections quelconques, et qu'il lui sera accordé ; mais que, s'il en parle, on instruira le roi de sa conduite. Par ce moyen, je crois avoir fait tout ce que mon attachement et mon devoir me prescrivent : je débarrasse le roi d'un serviteur infidèle, sans le perdre. C'est un hasard que je trouve heureux, dit-elle, qui m'a fait ce matin être instruite de la vacance de cet emploi, et j'en dédommagerai celui qui s'est adressé à moi pour l'obtenir. » Je m'acquittai des ordres de Madame, dont j'admirai la délicatesse et l'adresse. Elle ne fut pas inquiète de la dame quand elle vit ses prétentions : « Elle va trop vite, me dit-elle, et elle versera en chemin. » La dame mourut.

« Voilà ce que c'est que la cour. Tout est corrompu, du grand au petit, disais-je un jour à Madame, qui me parlait de quelques faits qui étaient à ma connaissance. — Je t'en dirais bien d'autres, me répondit-elle ; mais la petite chambre où tu te tiens souvent t'en apprend assez. » C'était un petit réduit près de la chambre de Madame, où je ne recevais personne, et d'où l'on entendait une partie de ce qui se disait. Le lieutenant de police entrait quelquefois par cette chambre secrètement et y attendait. Trois ou quatre personnes considérables y passaient aussi dans le plus grand mystère, et plusieurs dévots qui étaient, dans le fond, du parti opposé à Madame. Mais ils ne se contentaient pas de petits objets : l'un demandait un gouvernement, celui-là l'entrée au conseil, un autre une place de capitaine des gardes, et celui-ci l'aurait obtenue, si la maréchale de Mirepoix ne l'eût demandée pour son frère le prince de Beauvau[1].

Le chevalier Du Muy n'était pas du nombre de ces infidèles; la charge de connétable ne l'aurait pas déterminé à faire une avance à Madame, encore moins à trahir son maître le dauphin. Ce prince était d'une lassitude extrême de son rôle: importuné sans cesse par des ambitieux qui faisaient les Catons et les dévots, il agissait quelquefois par prévention contre un ministre; mais bientôt il retombait dans l'inaction et dans l'ennui. Le roi disait quelquefois: « Mon fils est paresseux, et son caractère est polonais, vif et changeant. Il n'a aucun goût; la chasse, les femmes, la bonne chère ne lui sont de rien. Il croit peut-être que, s'il était à ma place, il serait heureux. Dans les premiers temps, il changerait tout, aurait l'air de recréer tout; et bientôt après il serait peut-être ennuyé de l'état de roi, comme il l'est du sien. Il est fait pour vivre en philosophe, avec des gens d'esprit. » Le roi ajoutait: « Il aime le bien, il est véritablement vertueux et a des lumières. »

M. de Saint-Germain dit un jour au roi: « Pour estimer les hommes, il ne faut être ni confesseur, ni ministre, ni lieutenant de police. » Le roi dit: « Et roi! — Ah! dit-il, Sire, vous avez vu le brouillard qu'il faisait il y a quelques jours; on n'y voyait pas à quatre pas. Les rois, je parle en général, sont environnés de brouillards encore plus épais, que font naître autour d'eux les intrigants, les ministres infidèles, et tous s'accordent dans toutes les classes pour leur faire voir les objets sous un aspect différent du véritable. »

J'ai entendu ceci de la bouche du fameux comte

de Saint-Germain, étant auprès de Madame, qui était incommodée et dans son lit. Le roi y vint ; et le comte, qui était très bien venu, avait été reçu. Il y avait M. de Gontaut, Mme de Brancas et l'abbé de Bernis.

*

Je me souviens que, le même jour, le comte étant sorti, le roi tint un propos qui fit de la peine à Madame. Il était question du roi de Prusse, et le roi dit : « C'est un fou qui risquera le tout pour le tout, et qui peut gagner la partie, quoique sans religion, sans mœurs et sans principes. Il veut faire du bruit, et il en fera : Julien l'Apostat en a bien fait. » « Jamais, dit Madame lorsqu'il fut sorti, je ne l'ai vu si animé ; mais enfin la comparaison de Julien l'Apostat n'est pas mauvaise, vu l'irréligion du roi de Prusse. S'il se tire d'affaire avec tous les ennemis qu'il a, il sera dans l'histoire un grand homme. » M. de Bernis lui dit : « Madame est juste dans ses jugements, car elle n'a pas lieu, ni moi non plus qui l'approuve, de s'en louer. »

*

Madame n'eut jamais tant de crédit que lorsque M. de Choiseul fut entré dans le ministère. Du temps de l'abbé de Bernis, elle s'occupait à le maintenir, et il ne se mêlait que des Affaires étrangères, dont il n'était pas fort instruit, à ce que l'on disait. Madame avait fait le traité de Vienne dont, à la vérité, l'abbé lui avait donné la première idée. Le roi parlait souvent à Madame sur cet objet, à ce que m'ont dit plusieurs personnes ; mais je n'ai jamais entendu rien moi-même à ce sujet, sinon que Madame donnait les plus grands éloges à l'impératrice et à M. le prince de Kaunitz, qu'elle avait beaucoup connu. Elle disait que c'était une tête carrée, une tête ministérielle ; et un jour qu'elle s'exprimait ainsi, quelqu'un chercha à donner des ridicules au prince sur sa coiffure, et sur les quatre valets de chambre qui, avec des soufflets, faisaient voler la poudre dont Kaunitz ne recueillait en courant que la partie superfine. Madame dit : « C'est Alcibiade qui fait couper la queue à son chien, pour donner à parler aux Athéniens et détourner leur attention des choses qu'il voulait leur cacher. »

*

Jamais le public n'a été plus déchaîné contre Madame qu'après la nouvelle de la bataille de Rossbach. C'était tous les jours des lettres anonymes pleines des plus grossières injures, des vers sanglants, des menaces de poison, d'assassinat. Elle fut longtemps plongée dans la plus vive douleur, et ne dormant qu'avec des calmants. La protection qu'elle accordait au prince de Soubise excitait tout le mécontentement, et le lieutenant de police avait bien de la peine à calmer les esprits sur son compte. Le roi prétendait que ce n'était pas sa faute. M. Duverney[1] était l'homme de confiance de Madame pour ce qui concernait la guerre, à laquelle on dit qu'il s'entendait parfaitement bien, quoique n'étant pas militaire. Le vieux maréchal de Noailles l'appelait, avec mépris, le général des farines ; et le maréchal de Saxe dit un jour à Madame que Duverney en savait plus que ce vieux maréchal.

Duverney vint un jour chez Madame, où se trouvaient le roi, le ministre de la Guerre et deux maréchaux ; et il donna un plan de campagne qui fut généralement applaudi. Ce fut lui qui fit **nommer**

M. de Richelieu pour commander l'armée, à la place du maréchal d'Estrées. Il vint chez Quesnay deux jours après, et j'étais chez lui. Le docteur se mit à parler guerre, et je me souviens qu'il dit : « Les militaires font un grand mystère de leur art ; mais pourquoi les jeunes princes ont-ils tous de grands succès ? C'est qu'ils ont l'activité et l'audace. Pourquoi les souverains qui commandent leurs troupes font-ils de grandes choses ? C'est qu'ils sont maîtres de hasarder. » Ce discours me fit impression.

*

Le premier médecin du roi[1] vint un jour chez Madame ; il parla de fous et de folie. Le roi y était, et tout ce qui concernait les maladies de tout genre l'intéressait. Le premier médecin dit qu'il connaissait, six mois à l'avance, les symptômes de la folie. Le roi dit : « Y a-t-il des gens à la cour qui doivent devenir fous ? — J'en connais un qui sera imbécile avant trois mois », dit-il. Le roi le pressa de le lui dire. Il s'en défendit quelque temps ; enfin, il dit : « C'est M. de Séchelles, contrôleur général[2]. — Vous lui en voulez, dit Madame, parce qu'il ne vous a pas accordé ce que vous lui demandiez. — Cela est vrai, dit-il ; mais cela ne peut m'engager qu'à dire une vérité désagréable, et non pas à inventer. C'est affaiblissement ; il veut à son âge faire le galant, et je me suis aperçu que la liaison de ses idées lui échappe. » Le roi se mit à rire ; mais trois mois après il vint chez Madame et lui dit : « Séchelles a radoté en plein conseil ; il faut lui donner un successeur. » Madame me raconta cette histoire en allant à Choisy.

Quelque temps après, le premier médecin du roi vint voir Madame et lui parla en particulier. « Vous aimez M. Berryer, lui dit-il, et je suis fâché d'être dans le cas d'avertir Madame la marquise qu'il sera fou ou cataleptique avant peu. Ce matin je l'ai vu à la chapelle où il s'était assis sur une de ces petites chaises qui sont très basses, et qui ne servent qu'à se mettre à genoux. Ses genoux lui touchaient au menton. J'ai été chez lui au sortir de la messe; il avait les yeux égarés; et son secrétaire lui ayant dit quelque chose, il dit, du ton le plus emphatiquement ridicule : "Taisez-vous, plume. Une plume est faite pour écrire, et non pour parler." » Madame, qui aimait le garde des Sceaux, fut très fâchée, et pria le premier médecin de ne point parler de ses découvertes. Quatre jours après il tomba en catalepsie, après avoir déraisonné. C'est une maladie dont je ne connais pas même le nom, que je me suis fait donner par écrit. On demeure dans la position où l'on est au moment de l'attaque : une jambe en l'air, si on l'a, et les yeux ouverts, etc. Cette dernière histoire, à la mort du ministre, fut connue de toute la cour[1].

*

Lorsque le fils du maréchal de Belle-Isle fut tué à l'armée[2], Madame engagea le roi à aller voir le maréchal. Il eut quelque peine à s'y déterminer, et Madame lui dit, avec une espèce de colère mêlée de douceur, et comme de plaisanterie :

... Barbare, dont l'orgueil
Croit le sang d'un sujet trop payé d'un coup d'œil[3] *!*

Le roi se mit à rire, et dit : « D'où sont ces beaux vers ? — De Voltaire, dit Madame. — Je suis un Barbare, dit le roi, qui lui a donné une charge de gentilhomme ordinaire et une pension. » Le roi se rendit chez le maréchal, suivi de toute sa cour ; et il ne parut que trop vrai que cette visite si solennelle consola le maréchal de la perte de son fils, du seul héritier de son nom.

Quand le maréchal mourut, on le transporta sur une mauvaise civière, couvert d'une mauvaise couverture, à son hôtel. Je le rencontrai ; les porteurs riaient et chantaient. Je crus que c'était quelque domestique ; et ayant demandé qui c'était, je fus fort surprise d'apprendre que c'était un homme comblé d'honneurs et de richesses.

Telle est la cour : les morts ont tort, ils ne sauraient trop tôt disparaître. Le roi dit : « Voilà donc M. Fouquet mort. » Le duc d'Ayen dit : « Il n'était plus Fouquet ; Votre Majesté lui avait permis de quitter ce nom, dont cependant le plus beau de son nez était fait. » Le roi leva les épaules. Il avait effectivement obtenu des lettres patentes enregistrées, pour ne pas signer Fouquet, étant ministre. C'est ce que j'appris à cette occasion. M. de Choiseul eut la guerre à sa mort ; sa faveur allait en croissant de jour en jour. Madame le considérait plus qu'elle n'avait fait d'aucun ministre, et ses manières avec elle étaient les plus aimables du monde, respectueuses et galantes. Il n'était pas un jour sans la voir. M. de Marigny ne pouvait pas souffrir M. de Choiseul ; mais il n'en parlait qu'avec ses amis intimes.

Un jour, il se trouva chez Quesnay, où j'arrivais ; ils parlaient de M. de Choiseul. « Ce n'est qu'un petit-maître, dit le docteur, et s'il était plus joli, fait pour être un favori d'Henri III. » Le marquis de Mirabeau entra, et M. de La Rivière. « Ce royaume, dit Mirabeau, est bien mal ; il n'y a ni sentiments énergiques, ni argent pour les suppléer. — Il ne peut être régénéré, dit La Rivière, que par une conquête, comme à la Chine, ou par quelque grand bouleversement intérieur ; mais malheur à ceux qui s'y trouveront ! le peuple français n'y va pas de main morte. » Ces paroles me firent trembler, et je m'empressai de sortir. M. de Marigny en fit de même, sans avoir l'air d'être affecté de ce qu'on disait. « Vous avez entendu, me dit-il ; mais n'ayez pas peur, rien n'est répété de ce qui se dit chez le docteur : ce sont d'honnêtes gens, quoique un peu chimériques ; ils ne savent pas s'arrêter ; cependant ils sont, je crois, dans la bonne voie. Le malheur est qu'ils passent le but. » J'écrivis cela en rentrant.

*

Le comte de Saint-Germain étant venu chez Madame, qui était incommodée et qui restait sur sa chaise longue, lui fit voir une petite boîte qui contenait des topazes, des rubis, des émeraudes. Il paraît qu'il y en avait pour des trésors. Madame m'avait appelée pour voir toutes ces belles choses. Je les regardai avec ébahissement, mais je faisais signe par-derrière à Madame que je croyais tout cela faux. Le comte ayant cherché quelque chose dans un portefeuille grand deux fois comme un étui à lunettes, il en tira deux ou trois petits papiers qu'il déplia, fit voir un superbe rubis, et jeta de côté sur la table, avec dédain, une petite croix de pierres blanches et vertes. Je la regardai, et dis : « Cela n'est pas tant à dédaigner. » Je l'essayai, et j'eus l'air de la trouver fort jolie. Le comte me pria aussitôt de l'accepter ; je refusai, il insista. Madame refusait aussi pour moi. Enfin il pressa tant et tant que Madame, qui voyait que cela ne pouvait guère valoir plus de quarante louis, me fit signe d'accepter. Je pris la croix, fort contente des belles manières du comte ; et Madame, quelques jours après, lui fit présent d'une boîte émaillée, sur laquelle était un portrait de je ne sais plus quel sage de la Grèce, pour faire comparaison avec lui. Je fis, au reste, voir la croix, qui valait quinze cents francs.

Il proposa à Madame de lui faire voir quelques portraits en émail de Petitot ; et Madame lui dit de revenir après dîner, pendant la chasse. Il montra ses portraits, et Madame lui dit : « On parle d'une histoire charmante que vous avez racontée il y a deux jours en soupant chez M. le Premier, et dont vous avez été témoin il y a cinquante ou soixante ans. » Il sourit, et dit : « Elle est un peu longue. — Tant mieux », dit Madame ; et elle parut charmée. M. de Gontaut et les dames arrivèrent, et on fit fermer la porte. Ensuite Madame me fit signe de m'asseoir derrière un paravent. Le comte fit beaucoup d'excuses sur ce que son histoire ennuierait peut-être. Il dit que quelquefois on racontait passablement, et qu'une autre fois ce n'était plus la même chose.

Le marquis de Saint-Gilles était, au commencement de ce siècle, ambassadeur d'Espagne à La Haye, et il avait connu particulièrement dans sa jeunesse le comte de Moncade, grand d'Espagne, et l'un des plus riches seigneurs de ce pays. Quelques mois après son arrivée à La Haye, il reçut une lettre du comte, qui, invoquant son amitié, le priait de lui rendre le plus grand des services.

« Vous savez, lui disait-il, mon cher marquis, le chagrin que j'avais de ne pouvoir perpétuer le nom de Moncade : il a plu au ciel, peu de temps après que je vous eus quitté, d'exaucer mes vœux et de m'accorder un fils ; il a manifesté de bonne heure des inclinations dignes d'un homme de sa naissance, mais le malheur a fait qu'il est devenu amoureux à Tolède de la plus fameuse actrice de la troupe des comédiens de cette ville. J'ai fermé les yeux sur cet égarement d'un jeune homme qui ne m'avait jusque-là donné que de la satisfaction. Mais ayant appris que sa passion le transportait au point de vouloir épouser cette fille, et qu'il lui en avait fait la promesse par écrit, j'ai sollicité le roi pour la faire enfermer. Mon fils, instruit de cette démarche, en a prévenu l'effet, et s'est enfui avec l'objet de sa passion. J'ignore depuis plus de six mois où il a porté ses pas, mais j'ai quelque lieu de croire qu'il est à La Haye. »

Le comte conjurait ensuite le marquis, au nom de l'amitié, de faire les perquisitions les plus exactes pour le découvrir et l'engager à revenir auprès de lui.

« Il est juste, disait le comte, de faire un sort à la fille, si elle consent à rendre le billet de mariage qu'elle s'est fait donner ; et je vous laisse le maître de stipuler ses intérêts, ainsi que de fixer la somme nécessaire à mon fils pour se rendre dans un état convenable à Madrid. Je ne sais si vous êtes père, disait le comte en finissant ; et si vous l'êtes, vous pourrez vous faire une idée de mes inquiétudes. »

Le comte joignait à cette lettre un signalement exact de son fils et de sa maîtresse.

Le marquis n'eut pas plus tôt reçu cette lettre qu'il envoya dans toutes les auberges d'Amsterdam, de Rotterdam et de La Haye ; mais ce fut en vain : il ne put rien découvrir. Il commençait à désespérer de ses recherches, lorsque l'idée lui vint d'y employer un jeune page français fort éveillé. Il lui promit une récompense s'il réussissait à découvrir la personne qui l'intéressait si vivement, et il lui donna son signalement. Le page parcourut plusieurs jours tous les lieux publics sans succès ; enfin, un soir, à la comédie, il aperçut dans une loge un jeune homme et une femme, qu'il considéra attentivement ; et ayant remarqué que, frappés de son attention, le jeune homme et la femme se retiraient au fond de la loge, le page ne douta pas du succès de ses recherches. Il ne perdit pas de vue la loge, considérant attentivement tous les mouvements qui s'y faisaient. Au moment où la pièce finit, il se trouva sur le passage qui conduisait des loges à la porte, et il remarqua que le jeune homme, en passant devant lui et considérant sans doute l'habit qu'il portait, avait cherché à se cacher, en mettant son mouchoir sur sa bouche. Il le suivit sans affectation jusqu'à l'auberge appelée le *Vicomte de Turenne*, où il le vit entrer avec la femme ; et sûr d'avoir trouvé ce qu'il cherchait, il courut bien vite l'apprendre à l'ambassadeur.

Le marquis de Saint-Gilles se rendit aussitôt, couvert d'un manteau et suivi de son page et de deux domestiques, au *Vicomte de Turenne*. Arrivé à cette auberge, il demanda au maître de la maison où était la chambre d'un jeune homme et d'une femme qui logeaient depuis quelque temps chez lui. Le maître de l'auberge fit d'abord quelques difficultés de l'en instruire, s'il ne les demandait pas par leur nom. Le page lui dit de faire attention qu'il parlait à l'ambassadeur d'Espagne, qui avait des raisons pour parler à ces personnes. L'aubergiste dit qu'elles ne voulaient point être connues, et qu'elles avaient défendu qu'on laissât entrer chez elles ceux qui, en les demandant, ne les nommeraient pas ; mais par considération pour l'ambassadeur, il indiqua la chambre, et le conduisit tout au haut de la maison, dans une des plus vilaines chambres. Il frappa à la porte, qu'on tarda quelque temps à ouvrir ; enfin, après avoir frappé assez fort de nouveau, la porte s'ouvrit à moitié ; et à l'aspect de l'ambassadeur et de sa suite, celui qui avait entrouvert la porte voulut la refermer, disant qu'on se trompait. L'ambassadeur poussa fortement la porte, entra, et fit signe à ses gens d'attendre en dehors ; et resté seul dans la chambre, il vit un jeune homme d'une très jolie figure, dont les traits étaient parfaitement semblables à ceux spécifiés dans le signalement. Avec lui était une jeune femme, belle, très bien faite, et également ressemblante, par la couleur de ses cheveux, la taille et le tour du visage, à celle qui lui avait été décrite par son ami le comte de Moncade.

Le jeune homme parla le premier, et se plaignit de la violence qu'on avait employée pour entrer chez un étranger qui est dans un pays libre, et qui y vivait sous la protection des lois. L'ambassadeur lui répondit, en s'avançant vers lui pour l'embrasser : « Il n'est pas question ici de feindre, mon cher comte, je vous connais, et je ne viens point ici pour vous faire de la peine, ni à cette jeune dame, qui me paraît fort intéressante. » Le jeune homme répondit qu'on se trompait, qu'il n'était pas comte, mais fils d'un négociant de Cadix ; que cette jeune dame était son épouse, et qu'ils voyageaient pour leur plaisir. L'ambassadeur, jetant les yeux sur la chambre, fort mal meublée, dans laquelle était un seul lit, et sur le bagage très mesquin qui était çà et là : « Est-ce ici, mon cher enfant, permettez-moi ce titre, qu'autorise ma tendre amitié pour M. votre père, est-ce ici que doit demeurer le fils du comte de Moncade ? » Le jeune homme se défendait toujours de rien entendre à ce langage. Enfin, vaincu par les instances de l'ambassadeur, il avoua en pleurant qu'il était le fils de M. de Moncade, mais qu'il ne retournerait jamais chez son père, s'il fallait abandonner une jeune femme qu'il adorait. La femme, fondant en larmes, se jeta aux genoux de l'ambassadeur, en lui disant qu'elle ne voulait pas être cause de la perte du comte de Moncade ; et sa générosité, ou plutôt son amour, triomphant de son propre intérêt, elle consentait, pour son bonheur, disait-elle, à se séparer de lui.

L'ambassadeur admire un si noble désintéressement. Le jeune homme s'en désespère, fait des reproches à sa maîtresse, et ne veut point, dit-il, l'abandonner, et faire tourner contre elle-même, contre une personne si estimable, la générosité sublime de son cœur. L'ambassadeur lui dit que l'intention du comte de Moncade n'est point de la rendre malheureuse ; et il annonce qu'il est chargé de lui donner une somme convenable pour qu'elle puisse retourner en Espagne. La jeune femme a l'air de ne pas faire attention à la somme, ne songe qu'à son amant, à la douleur de le quitter, qu'au sacrifice cruel auquel la raison et son propre amour l'obligent à souscrire. Tirant ensuite d'un petit portefeuille la promesse de mariage signée du comte : « Je connais trop son cœur, dit-elle, pour en avoir besoin. » Elle la baise avec une espèce de transport plusieurs fois, et la remet à l'ambassadeur, qui reste surpris de tant de grandeur d'âme. Il promet à la jeune femme de s'intéresser à jamais à son sort, et assure le comte que son père lui pardonne. Il recevra à bras ouverts, dit-il, l'enfant prodigue revenant au sein de sa famille désolée : le cœur d'un père est une mine inépuisable de tendresse. Quel sera le bonheur de son ami, affligé depuis si longtemps, quand il apprendra cette nouvelle ! et combien il se trouve lui-même heureux d'être l'instrument de sa félicité !

Tels sont en partie les discours de l'ambassadeur, dont le jeune homme paraît vivement touché. L'ambassadeur, craignant que l'amour ne reprenne pendant la nuit tout son empire, et ne triomphe de la généreuse résolution de la dame, presse le jeune homme de le suivre à son hôtel. Les pleurs, les cris de douleur que cette cruelle séparation occasionne sont difficiles à exprimer, et touchent sensiblement le cœur de l'ambassadeur, qui promet sa protection à la jeune dame. Le petit bagage du comte ne fut pas embarrassant à porter, et il se trouva installé, le soir, dans le plus bel appartement de l'ambassadeur, comblé de joie d'avoir rendu à l'illustre maison de Moncade l'héritier de ses grandeurs et de tant de magnifiques domaines dont elle était en possession.

Le lendemain de cette heureuse journée, le jeune comte voit arriver, à son lever, tailleurs, marchands d'étoffes, de dentelles, etc.; et il n'a qu'à choisir. Deux valets de chambre et trois laquais sont dans son antichambre, et choisis par l'ambassadeur parmi ce qu'il y a de plus intelligent et de plus honnête dans cette classe : ils se présentent pour être à son service. L'ambassadeur montre au jeune comte la lettre qu'il vient d'écrire à son père, dans laquelle il le félicite d'avoir un fils dont les sentiments et les qualités répondent à la noblesse de son sang, et il lui annonce son prompt retour. La jeune dame n'est point oubliée; il avoue devoir en partie à sa générosité la soumission de son amant, et il ne doute pas que le comte n'approuve le don qu'il lui a fait de dix mille florins. Cette somme fut remise le même jour à cette noble et intéressante personne, qui ne tarda pas à partir.

Les préparatifs pour le voyage du comte étaient faits : une garde-robe magnifique, une excellente voiture furent embarquées à Rotterdam sur un vaisseau faisant voile pour la France, et sur lequel fut arrêté le passage du comte, qui, de ce pays, devait se rendre en Espagne. On remit au jeune comte une assez grosse somme d'argent à son départ, et des lettres de change assez considérables sur Paris; et les adieux de l'ambassadeur et de ce jeune seigneur furent des plus touchants.

L'ambassadeur attendait avec impatience la réponse du comte de Moncade et, se mettant à sa place, jouissait du plaisir de son ami. Au bout de quatre mois, il reçut cette réponse si vivement attendue, et l'on essayerait vainement de peindre la surprise de l'ambassadeur en lisant ces paroles :

« Le ciel ne m'a jamais, mon cher marquis, accordé la satisfaction d'être père; et comblé de biens et d'honneurs, le chagrin de n'avoir point d'héritiers, et de voir finir en moi une race illustre, a répandu la plus grande amertume sur ma vie. Je vois avec une peine extrême que vous avez été trompé par un jeune aventurier qui a abusé de la connaissance qu'il a eue de notre ancienne amitié. Mais Votre Excellence n'en doit pas être la dupe. C'est bien véritablement le comte de Moncade que vous avez voulu obliger : il doit acquitter ce que votre généreuse amitié s'est empressée d'avancer pour lui procurer un bonheur qu'il aurait senti bien vivement. J'espère donc, Monsieur le marquis, que Votre Excellence ne fera nulle difficulté d'accepter la remise, contenue dans cette lettre, de trois mille louis de France dont elle m'a envoyé la note. »

La manière dont le comte de Saint-Germain faisait parler le jeune aventurier, sa maîtresse et l'ambassadeur fit pleurer et rire tour à tour. L'histoire est vraie dans tous ses points, et l'aventurier surpasse en adresse Gusman d'Alfarache, à ce que dirent les personnes qui l'écoutèrent. Madame eut l'idée d'en faire une comédie, et le comte lui envoya l'histoire par écrit, telle que je l'ai copiée ici.

*

M. Duclos allait chez le docteur, et pérorait avec sa chaleur ordinaire. Je l'entendis qui disait à deux ou trois personnes : « On est injuste envers les grands, les ministres et les princes : rien de plus ordinaire, par exemple, que de parler mal de leur esprit. J'ai bien surpris, il y a quelques jours, un de ces petits messieurs de la brigade des infaillibles, en lui disant que je lui prouverais qu'il y a plus de gens d'esprit dans la maison de Bourbon, depuis cent ans, que dans toute autre. — Vous avez prouvé cela ? dit quelqu'un en ricanant. — Oui, dit Duclos ; et je vais vous le répéter. Le grand Condé n'était pas un sot, à votre avis ; et la duchesse de Longueville est citée comme une des femmes les plus spirituelles. M. le régent est un homme qui avait peu d'égaux en tout genre d'esprit et de connaissances ; le prince de Conti, qui fut élu roi de Pologne, était célèbre par son esprit, et ses vers valent ceux de La Fare et de Saint-Aulaire ; M. le duc de Bourgogne était instruit et très éclairé. Mme la duchesse, fille de Louis XIV, avait infiniment d'esprit, faisait des épigrammes et des couplets. M. le duc du Maine n'est connu généralement que par sa faiblesse, mais personne n'avait plus d'agrément dans l'esprit. Sa femme était une folle, mais qui aimait les lettres, se connaissait en poésie, et dont l'imagination était brillante et inépuisable. En voilà assez, je crois, dit-il ; et comme je ne suis point flatteur, et que je crains tout ce qui en a l'apparence, je ne parle point des vivants. »

On fut étonné de cette énumération, et chacun convint de la vérité de ce qu'il avait dit. Il ajouta : « Ne dit-on pas tous les jours d'Argenson la bête[1], parce qu'il a un air de bonhomie et un ton bourgeois ? Mais je ne crois pas qu'il y ait eu beaucoup de ministres aussi instruits et aussi éclairés. »

Je pris une plume sur la table du docteur, et je demandai à M. Duclos de me dicter tous les noms qu'il avait cités, et le petit éloge qu'il en avait fait. « Si vous montrez cela à Mme la marquise, dites-lui bien comment cela est venu, et que je ne l'ai pas dit pour que cela lui revienne et aille peut-être ailleurs. Je suis historiographe, et je rendrai justice ; mais aussi je la ferai souvent. — J'en serai garant, dit le docteur, et notre maître sera peint tel qu'il est. Louis XIV a aimé les vers, protégé les poètes ; cela était peut-être bon dans son temps, parce qu'il faut commencer par quelque chose ; mais ce siècle-ci sera bien plus grand ; et il faut convenir que Louis XV envoyant au Mexique et au Pérou des astronomes pour mesurer la terre présente quelque chose de plus imposant que d'ordonner des opéras. Il a ouvert les barrières à la philosophie, malgré les criailleries des dévots, et l'*Encyclopédie* honorera son règne.» Duclos, pendant ce temps, hochait de la tête.

Je m'en allai, et je tâchai d'écrire tout chaud ce que j'avais entendu. Je fis copier, par un valet de chambre qui avait une belle main, ce qui concernait les princes, et je le remis à Madame. Mais elle me dit : « Quoi ! vous voyez Duclos ? Est-ce que vous voulez faire le bel esprit, ma chère bonne ? Cela ne vous va pas. — Aussi en suis-je bien éloignée. » Et je lui dis comment je l'avais trouvé par hasard chez le docteur, où il allait passer une heure quand il venait à Versailles. Elle me dit : « Le roi sait que c'est un honnête homme. »

*

Madame était malade, et le roi venait la voir plusieurs fois par jour ; je sortais lorsqu'il entrait ; mais, étant restée pendant quelques minutes pour lui donner un verre d'eau de chicorée, j'entendis le roi qui parlait de Mme d'Egmont ; et Madame leva les yeux au ciel en disant : « Ce nom me rappellera toujours une chose bien triste et bien barbare, mais ce n'est pas ma faute. » Ces mots me restèrent dans l'esprit, et surtout le ton dont ils avaient été prononcés. Comme je restai auprès de Madame jusqu'à trois heures après minuit, à lui lire une partie de ce temps, il me fut aisé de tâcher à satisfaire ma curiosité. Je pris le moment où la lecture était interrompue pour lui dire : « Madame avait l'air consterné quand le roi a prononcé le nom d'Egmont. » Elle leva à ces mots les yeux au ciel, et dit : « Vous penseriez bien comme moi si vous saviez ce dont il s'agit. — Il faut donc que cela soit bien touchant, répondis-je, car je ne crois pas que cela regarde Madame. — Non, dit-elle ; mais, après tout, comme je ne suis pas la seule au fait de cette histoire, et que je vous connais discrète, je vais vous la raconter.

« Le dernier comte d'Egmont avait épousé la fille du duc de Villars; mais la duchesse n'avait jamais habité avec son mari, et la comtesse d'Egmont est fille du chevalier d'Orléans. À la mort de son mari, jeune, belle, aimable, et héritière d'une immense fortune, elle était l'objet des vœux de tout ce qu'il y avait de plus distingué à la cour. Le directeur de la mère de la comtesse d'Egmont entra un jour chez elle, et lui demanda un entretien particulier; alors il lui révéla qu'elle était le fruit d'un adultère, dont sa mère faisait depuis vingt-cinq ans pénitence. "Elle ne pouvait, dit le directeur, s'opposer à votre premier mariage, dont elle a gémi. Dieu n'a pas permis que vous ayez eu des enfants; mais si vous vous remariez, vous courez, Madame, le hasard de faire passer dans une famille étrangère des biens immenses qui ne vous appartiennent pas, et qui sont le produit du crime." Mme d'Egmont écouta ce détail avec terreur. Sa mère entra au même instant, fondant en larmes, et demanda à genoux à sa fille de s'opposer à sa damnation éternelle. Mme d'Egmont tâchait de rassurer sa mère et elle-même, et lui dit: "Que faire?" Le directeur lui répondit: "Vous consacrer entièrement à Dieu, et effacer ainsi le péché de votre mère." La comtesse, qui était tout effrayée, promit ce qu'on exigeait, et forma le projet d'entrer aux Carmélites. J'en fus instruite, et je parlai au roi de la barbarie que la duchesse et le directeur exerçaient sur cette malheureuse femme; mais on ne savait comment l'empêcher. Le roi, plein de bonté, engagea la reine à lui offrir une place de dame du palais, fit parler fort adroitement à la duchesse par ses amis pour qu'elle détournât sa fille d'entrer aux Carmélites. Tout fut inutile, et la malheureuse victime fut sacrifiée. »

*

Madame avait pris la fantaisie de consulter une sorcière appelée Mme Bontemps, qui avait prédit à M. l'abbé de Bernis sa fortune, comme je l'ai écrit, et qui lui avait dit des choses surprenantes. M. de Choiseul, à qui elle en parla, lui dit qu'elle lui avait aussi prédit de belles choses. « Je le sais, dit Madame, et vous lui avez en revanche promis un carrosse ; mais elle marche toujours à pied, la pauvre sorcière. » Voilà ce que Madame me dit, en me demandant comment elle pourrait se déguiser pour la voir sans être connue. Je n'osai lui rien proposer, crainte de ne pas réussir ; mais je parlai deux jours après à son chirurgien de l'art qu'avaient les pauvres de faire paraître des ulcères et de changer leurs traits. Il me dit que cela était facile. Je laissai tomber la chose, et quelques moments après je lui dis : « Si l'on pouvait changer ses traits, on se divertirait bien au bal de l'Opéra. Qu'est-ce qu'il faudrait changer dans moi pour me rendre méconnaissable ? — D'abord, me dit-il, la couleur de vos cheveux, ensuite le nez, et puis mettre une tache dans quelque endroit du visage, ou bien un petit porreau[1] et quelques poils. » Je me mis à rire, et je lui dis : « Faites-moi arranger tout cela pour le bal prochain ; il y a vingt ans que je n'y ai été, mais je meurs d'envie d'embarrasser quelqu'un, et de lui dire des choses qu'il n'y a que moi qui puisse lui dire. Un quart d'heure après je reviendrai me coucher. — Il faut, me dit-il, qu'on prenne la mesure de votre nez ; ou bien prenez-la avec de la cire, et on fera le nez ; et vous avez le temps de faire arranger une petite perruque blonde ou brune. »

Je rendis compte à Madame de ce que m'avait dit le chirurgien ; elle en fut enchantée. Je pris la mesure de son nez et du mien, et je les portai au chirurgien qui, deux jours après, me donna les deux nez, avec une verrue pour Madame, pour mettre sous l'œil gauche, et de quoi peindre les sourcils. Les nez étaient très délicatement faits, d'une vessie, je crois ; et cela, avec le reste, rendait la figure méconnaissable, sans qu'il y eût rien de choquant. Tout cela fait, il ne s'agissait plus que de faire avertir la sorcière ; et l'on attendit un petit voyage à Paris, que Madame devait faire pour voir sa maison. Ensuite je fis parler, par une personne avec qui je n'avais aucun rapport, à une femme de chambre de la duchesse de Ruffec[1], pour qu'elle obtînt un rendez-vous de la sorcière. Elle fit des difficultés, à cause de la police ; on lui promit le secret, et on lui indiqua l'endroit où elle devait se rendre. Rien n'était plus opposé au caractère de Madame, qui était très timide, que de pareilles choses. Mais sa curiosité était portée à l'extrême, et d'ailleurs tout fut arrangé pour qu'il n'y eût pas le moindre risque. Madame avait mis M. de Gontaut dans sa confidence, ainsi que son valet de chambre. Cet homme louait près de son hôtel deux chambres pour sa nièce, alors malade à Versailles.

Nous sortîmes le soir, suivies du valet de chambre, homme sûr, et du duc, à pied ; il n'y avait tout au plus que deux cents pas de chemin. Nous trouvâmes en arrivant deux petites pièces où il y avait du feu ; les deux hommes se tinrent dans l'une, et nous dans l'autre. Madame s'était mise sur une chaise longue, avec un bonnet de nuit qui lui cachait sans affectation la moitié du visage ; et moi j'étais auprès du feu, appuyée sur une table, sur laquelle étaient deux chandelles. Auprès étaient, sur des chaises, des hardes de peu de valeur. Mme la sorcière sonna, et ce fut une petite servante qui lui ouvrit, et qui alla attendre avec ces messieurs. On avait préparé des tasses à café et une cafetière, et j'avais eu soin de faire mettre sur un petit buffet de petits gâteaux et du vin de Malaga, parce que je savais que Mme Bontemps s'en aidait. Sa figure, d'ailleurs, l'indiquait.

«Cette dame-là est donc malade?» dit-elle en voyant Madame languissamment couchée. Je lui dis que cela ne durerait pas; mais qu'il y avait huit jours qu'elle gardait la chambre. Elle fit chauffer un peu le café et prépara les deux tasses, qu'elle essuya bien, en disant que rien d'impur ne devait se mêler à son opération. J'eus l'air d'être bien aise de boire un coup pour donner un prétexte à notre oracle de se désaltérer, ce qu'elle fit sans qu'on la priât beaucoup. Quand elle eut bu deux ou trois petits verres (car j'avais eu soin de n'en pas avoir de grands), elle versa son café dans une des deux grandes tasses. «Voilà la vôtre, me dit-elle, et voici celle de votre amie; laissons-les reposer.» Ensuite elle jeta un coup d'œil sur nos mains, et nous envisagea; puis elle tira de sa poche un miroir, et nous y fit regarder, et nous regarda dedans. Après cela, elle prit un verre de vin; de là elle entra en enthousiasme en regardant ma tasse et tous les linéaments que faisait le marc du café qu'elle avait versé. Elle dit d'abord: «Cela est bien: du bien-être...; mais voici du noir: des chagrins... Un homme devient un grand consolateur... Voyez, dans ce coin, des amis qui vous prêtent de l'appui... Eh! quel est celui-là qui les poursuit?... Mais le bon droit l'emporte; après la pluie le beau temps... Grand voyage heureux... Tenez, voyez-vous ces espèces de petits sacs? C'est de l'argent qui a été compté; et en voilà qui le sera aussi, à vous s'entend... Bien, bien... Voyez-vous ce bras? Oui, c'est un bras fort qui soutient quelque chose: une femme voilée, je la vois, c'est vous... je connais tout cela, moi; c'est comme une langue que j'entends... On ne vous attaque plus... je le vois, parce qu'il n'y a plus de nuages là, dit-elle en montrant un endroit plus clair... Mais, mais, je vois de petites lignes qui partent de l'endroit principal. Ce sont des fils, filles, neveux, et c'est couci-couça. » Elle eut l'air d'être accablée d'un effort, et dit : « Voilà tout. Vous avez eu du bien d'abord, ensuite du mal. Vous avez eu un ami qui a tant fait qu'il vous en a tiré. Vous avez eu des procès ; enfin la fortune s'est raccommodée avec vous, et cela ne changera plus... »

Elle but un coup. « À vous, dit-elle, Madame » ; et elle fit les mêmes cérémonies pour la tasse. Ensuite elle dit : « Ni beau, ni laid ; j'entrevois là un ciel serein ; et puis toutes ces choses qui semblent monter, ces lignes qui s'élèvent, ce sont des applaudissements... Voici un homme grave qui étend les bras : voyez-vous ? regardez bien... — Cela est vrai », dit Madame avec surprise (parce que cela avait cette apparence). « Il montre là un carré ; c'est un grand coffre-fort ouvert... Beau temps... Mais voilà des nuages dorés d'azur qui vous environnent. Voyez-vous ce vaisseau en pleine mer ? Comme le vent est favorable ! Vous êtes dessus, et vous arrivez dans un pays superbe, dont vous devenez la reine... Ah ! que vois-je ? Regardez un vilain homme tortu, bossu, qui vous poursuit... ; mais il en sera pour un pied de nez... J'en vois un très grand qui vous soutient dans ses bras... Tenez, regardez, c'est une espèce de géant... Voilà bien de l'or, de l'argent, quelques nuages par-ci par là... Mais vous n'avez rien à craindre... Le vaisseau sera quelquefois agité, mais ne périra pas... *Dixi*. » Madame dit : « Quand est-ce que je mourrai, et de quelle maladie ? — Je ne parle jamais de cela, dit-elle. Voyez plutôt... le destin ne le veut pas... et je vais vous faire voir qu'il brouille tout, en lui montrant du marc de café confus. — À la bonne heure pour l'époque, dit Madame ; mais le genre de mort ? » La sorcière regarda et dit : « Vous aurez le temps de vous reconnaître. »

Je donnai seulement deux louis, afin de ne rien faire de remarquable. La sorcière nous quitta après nous avoir recommandé le secret, et nous rejoignîmes M. de Gontaut, à qui nous racontâmes tout. Il rit beaucoup, et dit : « C'est comme les nuages, on peut y lire tout ce qu'on veut. »

Il y avait dans mon horoscope quelque chose de frappant pour moi : c'était le consolateur, parce qu'un de mes oncles avait pris soin de moi, et nous avait rendu les plus grands services. Ensuite j'avais eu un grand procès ; et enfin l'argent, qui m'était arrivé par la protection et les bienfaits de Madame. Quant à Madame, son mari était assez bien dépeint avec le coffre-fort ; ensuite le pays dont elle devient la reine paraissait indiquer son état à la cour ; mais ce qu'il y avait de plus remarquable, c'était l'homme tortu et bossu, dans lequel Madame crut reconnaître M. le duc de La V.... qui était très mal fait.

Madame était enchantée de son équipée et de son horoscope, qu'elle trouvait très juste. Elle envoya chercher le surlendemain M. de Saint-Florentin, à qui elle recommanda la sorcière, pour qu'il ne lui fût pas fait de mal. Il lui répondit qu'il savait pourquoi elle lui faisait cette recommandation, et se mit à rire. Madame lui ayant demandé la raison, il lui raconta son voyage avec une singulière exactitude ; mais il ne savait rien de ce qui s'était dit, ou du moins il en fit semblant. Il promit à Madame que, pourvu qu'elle ne fît rien dont on eût à se plaindre, on ne la poursuivrait pas pour son métier, surtout si elle l'exerçait fort secrètement. Il ajouta : « Je la connais, et j'ai eu, comme un autre, la curiosité de la consulter. C'est la femme d'un soldat aux gardes, qui a un certain esprit, et le défaut de s'enivrer. Il y a quatre ou cinq ans qu'elle s'est emparée de l'esprit de Mme la duchesse de Ruffec, à qui elle a persuadé qu'elle lui procurerait un élixir de beauté, pour la remettre comme elle était à vingt-cinq ans. Les drogues nécessaires pour le composer coûtent fort cher à la duchesse; et tantôt elles sont mal choisies, tantôt le soleil auquel elles ont été exposées n'était pas assez fort, tantôt il fallait une certaine constellation qui n'a pas eu lieu. Quelquefois aussi elle prétend démontrer à la duchesse qu'elle est embellie, et elle se laisse aller à le croire. Mais ce qu'il y a de plus singulier, c'est l'histoire de la fille de la sorcière, qui était belle comme un ange, et que la duchesse a élevée chez elle. La Bontemps prédit à sa fille, en présence de la duchesse, qu'elle épouserait un homme qui aurait soixante mille livres de rente. Cela n'était guère vraisemblable pour la fille d'un soldat aux gardes, et cependant cela est arrivé. La petite Bontemps a épousé un fou, appelé le président Beaudoin; mais ce qu'il y a de tragique, c'est qu'elle avait ajouté qu'elle mourrait en couches de son premier enfant, et qu'elle est réellement morte en couches à dix-neuf ans, frappée sans doute vivement de la prédiction de sa mère, à laquelle l'événement si extraordinaire de son mariage donnait toute confiance. »

Madame dit au roi la curiosité qu'elle avait eue, et il en rit, en disant qu'il eût voulu que la police l'eût fait arrêter; mais il ajouta une chose très sensée : « Il faudrait, dit-il, pour bien juger de la vérité ou de la fausseté de pareilles prédictions, en rassembler une cinquantaine; on verrait que ce sont presque toujours les mêmes phrases, qui tantôt manquent leur application, et tantôt se rapportent à l'objet; mais que des premières on n'en parlait pas, et qu'on parlait beaucoup des autres. »

*

Je l'ai entendu dire, et il est certain que M. de Bridge[1] a vécu dans la société intime de Madame, quand elle était Mme d'Étiolles. Il montait à cheval avec elle; et comme c'était un si bel homme qu'il en a conservé le nom de *bel homme*, il était fort simple qu'on le crût l'amant d'une très belle femme. J'ai entendu dire quelque chose de plus fort, c'est que le roi avait dit à M. de Bridge: «Convenez-en avec moi, que vous avez été son amant; elle me l'a avoué, et j'exige cette preuve de votre sincérité.» M. de Bridge a répondu au roi que Mme la marquise était la maîtresse de dire, pour s'amuser sans doute, ou pour tout autre motif, ce qu'il lui plairait, mais que lui ne pouvait pas mentir; qu'il avait été son ami, qu'elle était charmante, et avait beaucoup de talents; qu'il se plaisait dans sa société, et qu'il n'y avait rien par-delà l'amitié dans le commerce qu'il avait eu avec elle. Il ajouta que son mari était de toutes les parties, qu'il avait les yeux d'un jaloux, et qu'il n'aurait pas souffert qu'il eût été si souvent avec elle, s'il eût eu quelque soupçon. Le roi persista, et lui dit qu'il avait tort de cacher une chose dont il était sûr.

On a prétendu aussi que M. l'abbé de Bernis avait été l'amant favorisé. Il était un peu fat, ledit abbé; il était d'une belle figure, et poète; Madame était l'objet de ses vers galants, et l'abbé recevait quelquefois avec un sourire qui laissait à penser, quoiqu'il niât la chose, les compliments de ses amis sur sa bonne fortune.

On a dit quelque temps à la cour qu'elle aimait le prince de Beauvau. C'est un homme fort galant, qui a grand air, qui joue gros jeu au salon; il est le frère de la petite maréchale; et tout cela fait que Madame le traite bien, mais sans rien de marqué. Elle sait d'ailleurs qu'il aime une femme très aimable.

Il est bien simple qu'on parle de M. de Choiseul.

Madame l'aime plus que tous ceux que je viens de citer, mais il n'est point son amant. Une dame que je connais bien, et que je n'ai pas voulu dénoncer à Madame, a fait un conte de toute fausseté à ce sujet. Elle a prétendu, ou du moins j'ai lieu de le croire, qu'un jour, ayant entendu le roi qui arrivait, j'avais couru à la porte du cabinet de Madame; que j'avais toussé d'une certaine manière, et que, le roi s'étant heureusement amusé à causer avec quelques dames un moment, on avait eu le temps de tout rajuster, et que Madame était sortie avec moi et M. de Choiseul, comme si nous avions été tous les trois ensemble. Il est très vrai que j'entrai très naturellement pour remettre quelque chose à Madame, sans savoir si le roi arrivait; qu'elle sortit avec M. de Choiseul, qui avait un papier à la main, et que je sortis quelques minutes après. Le roi demanda à M. de Choiseul ce que c'était que le papier qu'il tenait, et il dit que c'étaient des remontrances du parlement. Trois ou quatre dames ont vu ce que je dis; et comme, à l'exception d'une très méchante, les deux ou trois autres étaient honnêtes et dévouées à Madame, mon soupçon n'a pu tomber que sur celle que j'indique, et que je veux bien ne pas nommer, parce que son frère m'a toujours bien traitée.

Madame avait la tête vive et le cœur sensible, mais elle était froide à l'excès pour l'amour. D'ailleurs il lui aurait été bien difficile, à la manière dont elle était entourée, d'avoir un commerce intime avec quelqu'un. Il est vrai que cela était bien moins difficile avec un ministre tout-puissant, qui avait à chaque instant à l'entretenir secrètement. Mais je dirai une chose plus décisive: M. de Choiseul avait une maîtresse charmante, la princesse de R...[1], et Madame lui en parlait souvent. Il avait en outre un reste d'inclination pour la princesse de Kinski, qui l'avait suivi de Vienne. Il est vrai qu'il la trouva bientôt après ridicule. Tout cela était bien fait pour éloigner Madame d'un commerce amoureux avec le duc; mais ses talents la séduisaient, ainsi que son amabilité. Il n'était pas beau, mais avait des manières à lui, une vivacité agréable, une gaieté charmante; c'est ainsi qu'on en parlait généralement. Il aimait beaucoup Madame; et, si cela put être d'abord par intérêt, bientôt après il acquit assez de forces pour se soutenir par lui-même, et cependant il n'en fut pas moins dévoué à Madame et pas moins assidu. Il savait l'amitié de Madame pour moi, et me dit un jour de l'air le plus sensible: «Je crains, ma chère dame, qu'elle ne se laisse gagner par la mélancolie et ne meure de chagrin; tâchez de la distraire.» Je me dis en moi-même: quel triste sort pour la favorite du plus grand roi!

*

Un jour, Madame avait passé dans son cabinet avec M. Berryer, et Mme d'Amblimont était restée avec M. de Gontaut, qui m'appela pour me parler de mon fils. Un instant après, M. de Gontaut, qui venait d'entrer, dit: «D'Amblimont, à qui donnes-tu les suisses? — Attendez un moment, dit-elle, que j'assemble mon conseil... À M. de Choiseul[1]... — Cela n'est pas si bête, dit M. de Gontaut; mais je t'assure que tu es la première qui y ait songé.» Il nous quitta aussitôt, et Mme d'Amblimont me dit: «Je parie qu'il va faire part de mon idée à M. de Choiseul.» Il revint peu de temps après et, M. Berryer étant sorti, il dit à Madame: «Il est venu une idée singulière à d'Amblimont. — Quelque folie, dit Madame. — Pas trop folie, dit-il. Elle prétend que les suisses doivent être donnés à M. de Choiseul; et si les engagements du roi avec M. de Soubise ne sont pas trop positifs, je ne verrais rien de mieux. —

Le roi n'a rien promis, dit Madame; et c'est moi qui lui ai donné des espérances plus que vagues, en lui disant que cela se pourrait. Mais quoique j'aime M. de Soubise, je ne crois pas qu'il puisse être mis avec M. de Choiseul pour le mérite. » Le roi étant entré, Madame sans doute lui fit part de cette idée; et un quart d'heure après, étant venue parler à Madame, j'entendis le roi qui disait: «Vous verrez que, parce que le duc du Maine et ses enfants ont eu cette place, il croit devoir l'obtenir comme étant prince (Soubise); mais le maréchal de Bassompierre ne l'était pas; et savez-vous que M. de Choiseul est son petit-neveu? — Votre Majesté sait l'histoire de France mieux que personne», répondit Madame.

Deux jours après, Mme de... me dit dans ma chambre: «J'ai deux grandes joies: M. de Soubise n'aura pas les suisses, et Mme de Marsan en crèvera de rage, voilà la première; et M. de Choiseul les a, voilà la plus vive.»

*

Tout le monde parlait d'une jeune demoiselle dont le roi était épris autant qu'il pouvait l'être. Elle s'appelait Romans[1], et était charmante. Madame savait que le roi la voyait; et ses confidentes lui en faisaient des rapports alarmants. La seule maréchale de Mirepoix, la meilleure tête de son conseil, lui donnait du courage. «Je ne vous dirai pas qu'il vous aime mieux qu'elle; et si, par un coup de baguette, elle pouvait être transportée ici, qu'on lui donnât ce soir à souper, et qu'on fût au courant de ses goûts, il y aurait pour vous peut-être de quoi trembler. Mais les princes sont, avant tout, des gens d'habitude; l'amitié du roi pour vous est la même que pour votre appartement, vos entours; vous êtes faite à ses manières, à ses histoires; il ne se gêne pas, il ne craint pas de vous ennuyer: comment voulez-vous qu'il ait le courage de déraciner tout cela en un jour, de former un autre établissement, et de se donner en spectacle au public, par un changement aussi grand de décoration?» La demoiselle devint grosse. Les propos du public, de la cour même, alarmaient Madame infiniment. On prétendait que le roi légitimerait son fils, donnerait un rang à la mère. «Tout cela, dit la maréchale, est du Louis XIV; ce sont de grandes manières, qui ne sont pas celles de notre maître.» Les indiscrétions, les jactances de Mlle de Romans la perdirent dans l'esprit du roi. Il y eut même des violences exercées contre elle, dont Madame est fort innocente. On fit des perquisitions chez elle, on prit ses papiers; mais les plus importants, qui constataient la paternité du roi, avaient été soustraits.

Enfin la demoiselle accoucha, et fit baptiser son fils sous le nom de *Bourbon*, fils de Charles de Bourbon, capitaine de cavalerie[1]. La mère croyait fixer les yeux de toute la France, et voyait dans son fils un duc du Maine. Elle le nourrissait, et allait au bois de Boulogne toute chamarrée des plus belles dentelles, ainsi que son fils, qu'elle portait dans une espèce de corbeille. Elle s'asseyait sur l'herbe, dans un endroit solitaire, mais qui fut bientôt connu, et là elle donnait à téter à son royal enfant.

Madame eut la curiosité de la voir, et se rendit un jour à la manufacture de Sèvres avec moi, sans me rien dire. Quand elle eut acheté quelques tasses, elle me dit: «Il faut que j'aille me promener au bois de Boulogne», et donna l'ordre pour arrêter à l'endroit où elle voulait mettre pied à terre. Elle était très bien instruite; et quand elle approcha du lieu, elle me donna le bras, se cacha dans ses coiffes, et mit son mouchoir sur le bas de son visage. Nous nous promenâmes quelques moments dans un sentier, d'où nous pouvions voir la dame allaiter son enfant. Ses cheveux, d'un noir de jais, étaient retroussés avec un peigne orné de quelques diamants. Elle nous regarda fixement, et Madame la salua, et me poussant le coude, me dit : « Parlez-lui. » Je m'avançai, et lui dis : « Voilà un bien bel enfant. — Oui, me dit-elle, je peux en convenir, quoique je sois sa mère. » Madame, qui me tenait sous le bras, tremblait, et je n'étais pas trop rassurée. Mlle de Romans me dit : « Êtes-vous des environs ? — Oui, Madame, lui dis-je ; je demeure à Auteuil avec cette dame, qui souffre en ce moment d'un mal de dents cruel. — Je la plains fort, car je connais ce mal, qui m'a souvent bien tourmentée. » Je regardai de tous côtés, dans la crainte qu'il ne vînt quelqu'un qui nous reconnût. Je m'enhardis à lui demander si le père était un bel homme. « Très beau, me dit-elle, et si je vous le nommais, vous diriez comme moi. — J'ai donc l'honneur de le connaître, Madame ? — Cela est très vraisemblable. »

Madame, craignant, comme moi, quelque rencontre, balbutia quelques mots d'excuse de l'avoir interrompue, et nous prîmes congé. Nous regardâmes derrière nous à plusieurs reprises pour voir si l'on ne nous suivait pas, et nous regagnâmes la voiture sans être aperçues. « Il faut convenir que la mère et l'enfant sont de belles créatures, dit Madame, sans oublier le père ; l'enfant a ses yeux. Si le roi était venu pendant que nous étions là, croyez-vous qu'il nous eût reconnues ? — Je n'en doute pas, Madame ; et dans quel embarras j'aurais été ! et quelle scène pour les assistants, de nous voir toutes deux ! mais quelle surprise pour elle ! »

Le soir, Madame fit présent au roi des tasses qu'elle avait achetées, et ne dit pas qu'elle s'était promenée, dans la crainte que le roi, en voyant Mlle de Romans, ne lui dît que des dames de sa connaissance étaient venues tel jour. Mme de Mirepoix dit à Madame : « Soyez persuadée que le roi se soucie fort peu d'enfants ; il en a assez, et ne voudrait pas s'embarrasser de la mère et du fils. Voyez comme il s'occupe du comte de L..., qui lui ressemble d'une manière frappante ! Il n'en parle jamais ; et je suis sûre qu'il ne fera rien pour lui. Encore une fois, nous ne sommes pas sous Louis le XIVe. » C'est ainsi que s'expriment les Anglais ; elle avait été ambassadrice à Londres.

*

On avait fait des changements dans l'appartement, et je n'avais plus, comme auparavant, une espèce de niche où l'on m'avait permis de me tenir, pour entendre autrefois Caffarelli, et depuis Mlle Fel et Jélyotte[1]. J'allais donc plus fréquemment à mon logement de la ville ; c'est là où je recevais le plus souvent des visites, et j'y allais surtout quand Madame allait à son petit ermitage, où M. de Gontaut ordinairement l'accompagnait.

*

Mme Du Chiron, femme d'un premier commis de la guerre, vint me voir et me dit : « Je suis bien embarrassée de vous parler d'une chose qui vous embarrassera peut-être aussi. Voici le fait. Une femme très pauvre, et que j'oblige quelquefois, prétend être parente de Mme la marquise. Elle sait que je vous connais, et me persécute pour que je vous parle d'elle, et que vous en parliez à Mme la marquise. Voici son placet. » Je le lus, et je lui dis que le mieux était qu'elle écrivît directement à Madame ; que je connaissais sa bonté, et que j'étais sûre qu'elle serait satisfaite, si elle disait vrai. Elle suivit mon conseil. La femme écrivit. Elle était dans le dernier degré de misère ; et j'appris que Madame avait commencé par lui faire donner six louis, en attendant des éclaircissements. Colin fut chargé de les prendre, et s'adressa à M. de Malvoisin, parent de Madame, et officier estimé. Le fait était vrai. Madame alors lui envoya cent louis, et lui assura une pension de quinze cents francs. Tout cela fut fait très promptement, et Madame reçut les remerciements de sa parente quand elle se fut fait habiller un peu proprement.

Le jour qu'elle fit ses remerciements, le roi, qui ne venait pas à cette heure, vit sortir cette dame, et demanda qui c'était : « C'est une de mes parentes fort pauvre, dit Madame. — Elle venait donc pour vous demander ? — Non, dit-elle. — Et pourquoi donc ? — Pour me remercier d'un petit service que je lui ai rendu, dit Madame en rougissant, de crainte d'avoir l'air de se vanter. — Eh bien ! dit le roi, puisque c'est votre parente, permettez-moi aussi de l'obliger. Je lui donne cinquante louis sur ma cassette, et vous savez qu'elle peut envoyer toucher la première année demain. » Madame fondit en larmes, et baisa à plusieurs reprises la main du roi. C'est elle qui m'a raconté cela trois jours après, pendant une nuit qu'elle avait un peu de fièvre. Je me mis aussi à pleurer de la bonté du roi.

J'allai trouver le lendemain Mme Du Chiron, à qui je racontai la bonne fortune de sa protégée. J'oublie de dire que je fis part à Madame, après son récit, de la connaissance que j'avais de cette affaire. Elle approuva ma conduite, et me permit d'apprendre à cette dame la bonté du roi, dont le mouvement, honnête pour elle et sensible, la toucha davantage que cinquante mille livres de rente que le roi lui eût accordées.

*

Madame avait des battements de cœur terribles ; il semblait que son cœur sautait. Elle consulta beaucoup de médecins ; je me souviens que l'un d'eux la fit promener dans sa chambre, lui fit soulever un poids, et l'obligea de marcher vite. Elle était surprise ; il lui dit : « C'est le moyen de savoir si cela vient de l'organe, parce qu'alors le mouvement accélère les battements, sinon, cela vient des nerfs. » Je citai le médecin, qui n'était pas fort connu de mon oracle, Quesnay, qui me dit que cette conduite était celle d'un habile homme. Le médecin s'appelait Renard, et n'était presque connu qu'au Marais.

Madame avait des suffocations, soupirait souvent ; et un jour, je fis semblant de remettre à M. de Choiseul, qui sortait, un placet, en lui disant tout bas que je voudrais bien lui parler pendant quelques moments, par intérêt pour ma maîtresse. Il me permit de venir aussitôt que je le voudrais, et qu'on me laisserait entrer. Je lui dis que Madame était triste et abattue ; qu'elle se livrait à des idées fâcheuses que j'ignorais ; qu'un jour elle m'avait dit : « La sorcière a dit que j'aurais le temps de me reconnaître avant de mourir ; je le crois, car je ne périrai que de chagrin. » M. de Choiseul parut très touché, loua mon zèle, et me dit qu'il s'était déjà aperçu de quelque chose de conforme à ce que je lui apprenais ; qu'il ne parlerait pas de moi, mais qu'il tâcherait de l'engager à s'expliquer. Je ne sais ce qu'il lui a dit ; mais Madame eut, depuis, l'air beaucoup plus calme.

Un jour, mais longtemps après, Madame dit à M. de Gontaut : « On me croit bien du crédit ; mais sans l'amitié de M. de Choiseul, je n'obtiendrais pas une croix de Saint-Louis. »

Le roi avait une grande considération, ainsi que Madame, pour Mme de Choiseul, et Madame me

disait : « Elle dit toujours la chose qui convient. »
Mme de Gramont ne leur était pas aussi agréable ;
et je crois que cela tenait au son de sa voix et à un
ton brusque : car on dit qu'elle avait beaucoup d'esprit et qu'elle aimait le roi et Madame avec passion.
On a prétendu qu'elle faisait des agaceries au roi, et
qu'elle voulait supplanter Madame ; et rien n'est
plus faux, ni plus bêtement imaginé. Madame voyait
beaucoup ces deux dames, qui avaient de grandes
complaisances pour elle.

Un jour Madame disait à M. le duc d'Ayen que
M. de Choiseul aimait beaucoup sa sœur. « Je le
crois, dit-il, Madame ; et cela fait du bien à beaucoup de sœurs. » Elle lui demanda ce que cela voulait dire, et il répondit : « D'après M. de Choiseul, on
croit du bon air d'aimer sa sœur ; et je connais de
sottes bêtes dont le frère n'avait pas jusqu'ici fait le
moindre cas, qui sont aujourd'hui aimées à la folie.
Elles n'ont pas sitôt mal au bout du doigt que le
frère est en l'air pour faire venir des médecins de
tous les coins de Paris. Ils se persuadent que l'on dira
chez M. de Choiseul : Il faut convenir que M. de...
aime bien sa sœur ; il ne lui survivrait pas s'il avait
le malheur de la perdre. »

Madame raconta cela à son frère devant moi, en
ajoutant qu'elle ne pouvait rendre le ton comique
du duc. M. de Marigny lui dit : « Je les ai devancés
sans faire tant de bruit, et ma petite sœur sait bien
que je l'aimais tendrement avant l'arrivée de
Mme de Gramont et de son chapitre. Cependant,
dit-il, je crois que le duc d'Ayen n'a pas tort, et cela
est plaisamment observé à sa manière, et vrai en
partie. — J'oubliais, repartit Madame, que M. le duc
d'Ayen avait dit : "Je voudrais bien être à la mode ;
mais quelle sœur prendrais-je ? Mme de Caumont
est un diable incarné ; Mme de Villars, une sœur du
pot ; Mme d'Armagnac, une ennuyeuse ; Mme de La

Mark, une folle." Voilà de beaux portraits de famille, Monsieur le duc ! » disait Madame. Le duc de Gontaut riait aux éclats pendant ce temps-là.

C'était un jour que Madame gardait son lit qu'elle raconta cette histoire, et M. de G... se mit aussi à parler de sa sœur, Mme du Roure ; je crois du moins que c'est le nom qu'il a dit. Il était fort gai, et passait pour *faire* de la gaieté ; c'était, disait quelqu'un, un meuble excellent pour une favorite : il la fait rire, il ne demande rien, ni pour lui ni pour les autres ; il ne peut exciter de jalousie, et ne se mêle de rien. On l'appelait l'*eunuque blanc*.

La maladie de Madame augmenta, et si promptement qu'on eut beaucoup d'inquiétudes ; mais une saignée au pied la rétablit comme par miracle. Le roi lui témoigna un grand intérêt, et je ne sais si cela ne lui fit pas autant d'effet que la saignée. M. de Choiseul s'aperçut quelques jours après que Madame paraissait plus gaie, et me le dit ; je lui répondis ce que je viens de dire à propos de la saignée.

Fin des Mémoires de Madame du Hausset

ANNEXES

LES POISSONNADES (1749)

Les grands seigneurs s'avilissent,
Les financiers s'enrichissent,
Tous les Poisson s'agrandissent,
C'est le règne des vauriens ;
On épuise la finance
En bâtiments, en dépense ;
L'État tombe en décadence ;
Le roi ne met ordre à rien, rien, rien, rien.

Une petite bourgeoise
Élevée à la grivoise,
Mesurant tout à sa toise,
Fait de la cour un taudis ;
Le roi, malgré son scrupule,
Pour elle follement brûle ;
Cette flamme ridicule
Excite dans tout Paris, ris, ris, ris.

Cette catin subalterne
Insolemment le gouverne,
Et c'est elle qui décerne
Les honneurs à prix d'argent ;
Devant l'idole tout plie,
Le courtisan s'humilie ;
Il subit cette infamie,
Et n'est que plus indigent, gent, gent, gent.

La contenance éventée,
La peau jaune et truitée,
Et chaque dent tachetée,
Les yeux fades, le col long,
Sans esprit, sans caractère,
L'âme vile et mercenaire ;
Le propos d'une commère,
Tout est bas chez la Poisson, son, son, son.

Si dans les beautés choisies
Elle était des plus jolies,
On pardonne les folies
Quand l'objet est un bijou ;
Mais pour si mince figure
Et si sotte créature
S'attirer tant de murmure,
Chacun pense le roi fou, fou, fou, fou.

Il est vrai que pour lui plaire
Le beau n'est pas nécessaire ;
Vintimille sut lui faire
Trouver son groin gentil ;
On croit aussi que d'Estrades,
Si vilaine, si maussade,
Aura bientôt la passade.
Elle en a l'air tout bouffi, fi, fi, fi.

(Attribué à Maurepas ou à Pont de Veyle.)

MME DE POMPADOUR

La marquise avait de l'esprit, mais un esprit petit et toutes ses passions portaient l'empreinte de cette petitesse. Elle aimait l'argent, et n'envisagea dans le premier rang qu'une facilité plus grande d'en acquérir et de satisfaire son attrait excessif pour le luxe et les frivolités. Si elle cultiva et favorisa les arts, ce fut toujours sous ce point de vue, et ceux uniquement relatifs aux goûts de son sexe. Elle gouverna, parce qu'elle avait affaire à un prince qui voulait l'être, et fut obligée de prendre les rênes de l'État, afin qu'elles ne tombassent pas en d'autres mains.

Le caractère de la favorite la rendait susceptible d'être asservie à son tour, et ce furent successivement M. de Machault, l'abbé de Bernis, le maréchal de Belle-Isle, le duc de Choiseul qui, en la dominant, dirigèrent le royaume. Elle était de même dans son intérieur ; ses gens en faisaient ce qu'ils voulaient. N'ayant aucune énergie, elle ne pouvait en donner à Louis XV, et c'était ainsi la maîtresse la plus dangereuse et la plus funeste pour lui et pour son peuple. De là découlèrent avec l'anarchie, le désordre et tous les maux de la France.

(Bouffonidor, *Fastes de Louis XV*, 1782.)

LE COMTE DE SAINT-GERMAIN

... Le fameux Saint-Germain, rose-croix, Juif errant, qui a fait des pierres et diamants à Chambord, et s'est éclipsé depuis, pour finir, très âgé, obscurément, dans une petite ville d'Allemagne.

C'était un petit homme de quarante-cinq ans, d'une figure très commune, mais fort spirituel; magnifique pour donner des bagatelles aux femmes, parlant avec feu et bien, mais par énigmes, donnant ou laissant toujours quelque chose à deviner; se vantant de connaître, comme *de visu* les personnages les plus fameux dont on lui parlait, s'enveloppant d'un nuage sur son âge et sur sa vie, parlant de tout, comme s'il avait tout appris, se trompant du reste souvent.

(Dufort de Cheverny, *Mémoires*, 1886.)

LE COMTE DE SAINT-GERMAIN

Le penchant pour le merveilleux inné à tous les hommes en général, mon goût particulier pour les impossibilités, l'inquiétude de mon scepticisme habituel, mon mépris pour ce que nous savons et mon respect pour ce que nous ignorons, voilà les mobiles qui m'ont engagé à voyager durant une grande partie de ma vie dans les espaces imaginaires. Aucun de mes voyages ne m'a fait autant de plaisir ; j'ai été absent pendant bien des années, et suis très fâché de devoir maintenant rester chez moi.

Bien persuadé qu'on ne peut être constamment heureux qu'en poursuivant un bonheur qui s'échappe sans cesse sans jamais se laisser atteindre, je suis moins fâché de n'avoir rien trouvé de ce que je cherchais que de ne plus savoir où aller et de n'avoir plus ni conducteur, ni compagnon de voyage. Je suis seul, sédentaire dans des châteaux en Espagne, que j'élève et que je détruis comme un enfant qui bâtit et renverse ses châteaux de cartes.

Mais pour varier mes plaisirs, et pour rafraîchir mon imagination, je vais me retracer les souvenirs de quelques-uns des personnages principaux que j'ai rencontrés dans mes voyages, qui m'ont guidé, logé, nourri, et qui m'ont procuré des jouissances pas moins réelles que tant d'autres qui sont passées et qui n'existent plus.

Je commence par le célèbre Saint-Germain, non seulement parce qu'il a été pour moi le premier en date, mais aussi le premier dans son genre.

Revenant à Paris en 1759, je fis une visite à la veuve du chevalier Lambert, que j'avais connue précédemment, et y vis entrer après moi un homme de taille moyenne, très robuste, vêtu avec une simplicité magnifique et recherchée. Il jeta son chapeau et son épée sur le lit de la maîtresse du logis, se plaça dans un fauteuil près du feu, et interrompit la conversation en disant à l'homme qui parlait : « Vous ne savez pas ce que vous dites, il n'y a que moi qui puisse parler sur cette matière, que j'ai épuisée, tout comme la musique que j'ai abandonnée, ne pouvant plus aller au-delà. »

Je demandai avec étonnement à mon voisin, qui était cet homme-là, et il m'apprit que c'était le fameux M. de Saint-Germain, qui possédait les plus rares secrets, à qui le roi avait donné un appartement à Chambord, qui passait à Versailles des soirées entières avec Sa Majesté et Mme de Pompadour, et après qui tout le monde courait quand il venait à Paris. Mme Lambert m'engagea à dîner pour le lendemain, ajoutant avec une mine glorieuse que je dînerais avec M. de Saint-Germain, lequel, par parenthèse, faisait la cour à une de ses filles et logeait dans la maison.

L'impertinence du personnage me retint longuement dans un silence respectueux à ce dîner ; enfin, je hasardai quelques propos sur la peinture, et m'étendis sur différents objets que j'avais vus en Italie. J'eus le bonheur de trouver grâce aux yeux de M. de Saint-Germain ; il me dit : « Je suis content de vous, et vous méritez que je vous montre tantôt une douzaine de tableaux, dont vous n'aurez pas vu de pareils en Italie. » Effectivement il me tint presque parole, car les tableaux qu'il me fit voir étaient tous marqués à un coin de singularité ou de perfection, qui les rendait plus intéressants que bien des morceaux de la première classe, surtout une *Sainte Famille* de Murillo, qui égalait en beauté celle de Raphaël à Versailles ; mais il me montra bien autre chose, c'était une quantité de pierreries et surtout des diamants de couleur, d'une grandeur et d'une perfection surprenantes.

Je crus voir les trésors de la lampe merveilleuse. Il y avait, entre autres, une opale d'une grosseur monstrueuse et un saphir blanc de la taille d'un œuf, qui effaçait par son éclat celui de toutes les pierres de comparaison que je mettais à côté de lui. J'ose me vanter de me connaître en bijoux, et je puis assurer que l'œil ne pouvait découvrir aucune raison pour douter de la finesse de ces pierres, d'autant plus qu'elles n'étaient point montées.

Je restai chez lui jusqu'à minuit et le quittai son très fidèle sectateur. Je l'ai suivi pendant six mois avec l'assiduité la plus soumise, et il ne m'a rien appris, sinon à connaître la marche et la singularité de la charlatanerie. Jamais homme de sa sorte n'a eu ce talent d'exciter la curiosité et de manier la crédulité de ceux qui l'écoutaient. Il savait doser le merveilleux de ses récits, suivant la réceptabilité de son auditeur. Quand il racontait à une bête un fait du temps de Charles Quint, il lui confiait tout crûment qu'il y avait assisté, et quand il parlait à quelqu'un de moins crédule, il se contentait de peindre les plus petites circonstances, les mines et les gestes des interlocuteurs, jusqu'à la chambre et la place qu'ils occupaient, avec un détail et une vivacité qui faisaient l'impression d'entendre un homme qui y avait réellement été présent. Quelquefois, en rendant un discours de François Ier ou de Henri VIII, il contrefaisait la distraction et disant « Le roi se tourna vers moi... » il avalait promptement le *moi* et continuait avec la précipitation d'un homme qui s'est oublié, «... vers le duc *Untel*».

Il savait en général l'histoire minutieusement, et s'était composé des tableaux et des scènes si naturellement représentées, que jamais témoin oculaire n'a parlé d'une aventure récente, comme lui de celles des siècles passés.

«Ces bêtes de Parisiens, me dit-il un jour, croient que j'ai cinq cents ans, et je les confirme dans cette idée, puisque je vois que cela leur fait tant de plaisir; ce n'est pas que je ne sois infiniment plus vieux que je ne parais» — car il souhaitait pourtant que je fusse sa dupe jusqu'à un certain point. Mais la bêtise de Paris ne s'en tint pas à lui donner quelque peu de siècles: elle est allée jusqu'à en faire un contemporain de Jésus-Christ, et voici ce qui a donné lieu à ce conte.

Il y avait à Paris un homme facétieux, nommé milord Gower, parce qu'il contrefaisait les Anglais supérieurement. Après avoir été employé dans la guerre de Sept ans par la cour, comme espion à l'armée anglaise, les courtisans se servaient de lui à Paris pour jouer toutes sortes de personnages déguisés, et pour mystifier les bonnes gens. Or, ce fut ce milord Gower que des mauvais plaisants menèrent dans le Marais sous le nom de M. de Saint-Germain, pour satisfaire la curiosité des dames et des badauds de ce canton de Paris, plus aisé à tromper que le quartier du Palais-Royal; ce fut sur ce théâtre que notre faux adepte se permit de jouer son rôle, d'abord avec un peu de charge, mais, voyant qu'on recevait tout avec admiration, il remonta de siècle en siècle jusqu'à Jésus-Christ, dont il parlait avec une familiarité si grande, comme s'il avait été son ami. «Je l'ai connu intimement, disait-il, c'était le meilleur homme du monde, mais romanesque et inconsidéré; je lui ai souvent prédit qu'il finirait mal. » Ensuite, notre acteur s'étendait sur les services qu'il avait cherché à lui rendre par l'intercession de Mme Pilate, dont il fréquentait la maison journellement. Il disait avoir connu particulièrement la sainte Vierge, sainte Élisabeth, et même sainte Anne sa vieille mère. « Pour celle-ci, ajoutait-il, je lui ai rendu un grand service après sa mort. Sans moi elle n'aurait jamais été canonisée. Pour son bonheur, je me suis trouvé au concile de Nicée, et comme je connaissais beaucoup plusieurs des évêques qui le composaient, je les ai tant priés, leur ai tant répété que c'était une si bonne femme, que cela leur coûterait si peu d'en faire une sainte, que son brevet lui fut expédié. » C'est cette facétie si absurde et répétée à Paris assez sérieusement, qui a valu à M. de Saint-Germain le renom de posséder une médecine qui rajeunissait et rendait immortel ; ce qui fit composer le conte bouffon de la vieille femme de chambre d'une dame, qui avait caché une fiole pleine de cette liqueur divine : la vieille soubrette la déterra et en avala tant, qu'à force de boire et de rajeunir, elle redevint petit enfant.

Quoique toutes ces fables, et plusieurs autres anecdotes débitées sur l'âge de M. de Saint-Germain, ne méritent ni la croyance ni l'attention des gens sensés, il est pourtant vrai que le recueil de ce que des personnes dignes de foi m'ont attesté sur la longue durée et la conservation presque incroyable de sa figure, a quelque chose de merveilleux. J'ai entendu Rameau et une vieille parente d'un ambassadeur de France à Venise assurer y avoir connu M. de Saint-Germain en 1710, ayant l'air d'un homme de cinquante ans. En 1759, il paraissait en avoir soixante, et alors M. Morin, depuis mon secrétaire d'ambassade, de la véracité duquel je puis répondre, renouvelant chez moi sa connaissance faite en 1735 dans un voyage en Hollande, s'est prodigieusement émerveillé de ne le pas trouver vieilli d'une année. Toutes les personnes qui l'ont connu depuis, jusqu'à sa mort, arrivée à Schleswig en 1780, si je ne me trompe, et que j'ai questionnées sur les apparences de son âge m'ont toujours répondu qu'il avait eu l'air d'un sexagénaire bien conservé.

Voilà donc un homme de cinquante ans qui n'a vieilli que de dix ans dans l'espace de soixante-dix ans, et une notice qui me paraît la plus extraordinaire et la plus remarquable de son histoire.

Il possédait plusieurs secrets chimiques, surtout pour faire des couleurs, des teintures, et une espèce de similor d'une rare beauté. Peut-être même était-ce lui qui avait composé ces pierreries dont j'ai parlé, et dont la finesse ne pouvait être démentie que par la lime. Mais je ne l'ai jamais entendu parler d'une médecine universelle.

Il vivait d'un grand régime, ne buvait jamais en mangeant, se purgeait avec des follicules de séné qu'il arrangeait lui-même, et voilà tout ce qu'il conseillait à ses amis qui le questionnaient sur ce qu'il fallait faire pour vivre longtemps. En général, il n'annonçait jamais, comme les autres charlatans, des connaissances surnaturelles.

Sa philosophie était celle de Lucrèce ; il parlait avec une emphase mystérieuse des profondeurs de la nature, et ouvrait à l'imagination une carrière vague, obscure et immense sur le genre de sa science, ses trésors, et la noblesse de son origine.

Il se plaisait à raconter des traits de son enfance, et se peignait alors environné d'une suite nombreuse, se promenant sur des terrasses magnifiques, dans un climat délicieux, comme s'il aurait été le prince héréditaire d'un roi de Grenade du temps des Maures. Ce qui est bien vrai, c'est que personne, aucune police n'a jamais pu découvrir qui il était, pas même sa patrie.

Il parlait fort bien l'allemand et l'anglais, le français avec un accent piémontais, l'italien supérieurement, mais surtout l'espagnol et le portugais sans le moindre accent.

J'ai ouï dire qu'entre plusieurs noms allemands, italiens ou russes, sous lesquels on l'a vu paraître avec éclat dans différents pays, il avait aussi porté anciennement celui de marquis de Montferrat. Je me rappelle que le vieux baron de Stosch m'a dit à Florence avoir connu, sous le règne du régent, un marquis de Montferrat, qui passait pour un fils naturel de la veuve de Charles II, retirée à Bayonne, et d'un banquier de Madrid.

M. de Saint-Germain fréquentait la maison de M. de Choiseul, et y était bien reçu. Nous fûmes donc bien étonnés d'une violente sortie que ce ministre fit à sa femme au sujet de notre héros. Il lui demanda brusquement pourquoi elle ne buvait pas, et elle, lui ayant répondu qu'elle pratiquait, ainsi que moi, le régime de M. de Saint-Germain avec bon succès, M. de Choiseul lui dit : « Pour ce qui est du baron, à qui j'ai reconnu un goût tout particulier pour les aventuriers, il est le maître de choisir son régime, mais vous, Madame, dont la santé m'est précieuse, je vous défends de suivre les folies d'un homme aussi équivoque. » Pour couper une conversation qui devenait embarrassante, le bailli de Solar demanda à M. de Choiseul s'il était vrai que le gouvernement ignorait l'origine d'un homme qui vivait en France sur un pied si distingué. « Sans doute que nous le savons, répliqua M. de Choiseul (et ce ministre ne disait pas vrai), c'est le fils d'un juif portugais, qui trompe la crédulité de la ville et de la cour. Il est étrange, ajouta-t-il en s'échauffant davantage, qu'on permette que le roi soit souvent presque seul avec un tel homme, tandis qu'il ne sort jamais qu'environné de gardes, comme si tout était rempli d'assassins. » Ce mouvement de colère provenait de sa jalousie contre le maréchal de Belle-Isle, dont Saint-Germain était l'âme damnée, et auquel il avait donné le plan et le modèle de ces fameux bateaux plats qui devaient servir à une descente en Angleterre.

La suite de cette inimitié et les soupçons de M. de Choiseul se développèrent peu de mois après. Le maréchal intriguait sans cesse pour se faire l'auteur d'une paix particulière avec la Prusse, et pour rompre le système de l'alliance entre l'Autriche et la France, sur lequel était fondé le crédit du duc de Choiseul. Louis XV et Mme de Pompadour désiraient cette paix particulière. Saint-Germain leur persuada de l'envoyer à La Haye au duc Louis de Brunswick, dont il se disait l'ami intime, et promit de réussir par ce canal dans une négociation dont son éloquence présentait les avantages sous l'aspect le plus séduisant.

Le maréchal dressa les instructions, le roi les remit lui-même avec un chiffre à M. de Saint-Germain qui, étant arrivé à La Haye, se crut assez autorisé pour trancher du ministre. Son indiscrétion fit que M. d'Affry, alors ambassadeur en Hollande, pénétra le secret de cette mission, et fit, par un courrier qu'il envoya, des plaintes amères à M. de Choiseul de ce qu'il exposait un ancien ami de son père, et la dignité du caractère d'ambassadeur, à l'avanie de faire négocier la paix, sous ses yeux, sans l'en instruire, par un étranger obscur.

M. de Choiseul renvoya le courrier sur-le-champ, ordonnant à M. d'Affry d'exiger avec toute l'énergie possible des États généraux que M. de Saint-Germain lui fût livré, et cela fait, de l'adresser, pieds et poings liés, à la Bastille. Le jour d'après, M. de Choiseul produisit au conseil la dépêche de M. d'Affry ; il lut ensuite la réponse qu'il lui avait faite, puis, promenant ses regards avec fierté autour de ses collègues, et fixant alternativement le roi et M. de Belle-Isle, il ajouta : « Si je ne me suis pas donné le temps de prendre les ordres du roi, c'est parce que je suis persuadé que personne ici ne serait assez osé de vouloir négocier une paix à l'insu du ministre des Affaires étrangères de Votre Majesté ! » Il savait que ce prince avait établi et toujours soutenu le principe que le ministre d'un département ne devait pas se mêler des affaires d'un autre.

Il arriva de là ce qu'il avait prévu : le roi baissa les yeux comme un coupable, le maréchal n'osa pas dire le mot, et la démarche de M. de Choiseul fut approuvée ; mais M. de Saint-Germain lui échappa. L.H.P., après avoir fait valoir beaucoup leur condescendance, envoyèrent une garde nombreuse pour arrêter M. de Saint-Germain, qu'on avait averti secrètement et qui s'enfuit en Angleterre.

J'ai quelques données qui me font croire qu'il en repartit bientôt pour se rendre à Pétersbourg. De là, il apparut à Dresde, à Venise et à Milan, négociant avec les gouvernements de ces pays pour leur vendre des secrets de teintures, et pour entreprendre des fabriques. Il avait alors l'air d'un homme qui cherche fortune, et fut arrêté dans une petite ville du Piémont pour une lettre de change échue ; mais il étala pour plus de 100 000 écus d'effets au porteur, paya sur-le-champ, traita le gouverneur de cette ville comme un nègre, et fut relâché avec les excuses les plus respectueuses. En 1770, il reparut à Livourne, portant un nom russe et l'uniforme de général, traité par le comte Alexis Orlof avec une considération que cet homme fier et insolent n'avait pour personne, et qui me paraît avoir un grand rapport avec un propos du prince Grégoire, son frère, tenu au margrave d'Anspach.

Saint-Germain s'était établi quelques années après chez ce dernier, et l'ayant engagé à aller avec lui voir ce favori fameux de Catherine II, qui passait à Nuremberg, celui-ci dit tout bas au margrave, en parlant de Saint-Germain, à qui il faisait le plus grand accueil: «Voilà un homme qui a joué un grand rôle dans notre révolution.»

Il était logé à Triesdorf, et y vivait à discrétion avec une insolence impérieuse qui lui allait à merveille, traitant le margrave comme un petit garçon. Quand il lui faisait humblement des questions sur sa science, la réponse était: «Vous êtes trop jeune pour qu'on puisse vous dire ces choses-là.» Pour s'attirer encore plus de respect dans cette petite cour, il montrait de temps en temps des lettres du grand Frédéric: «Connaissez-vous cette main et ce cachet?» disait-il au margrave, en lui montrant la lettre dans son enveloppe. «Oui, c'est le petit cachet du roi. — Eh bien, vous ne saurez pas ce qu'il y a dedans», et puis il remettait la lettre dans sa poche.

Ce Prince prétend s'être assuré que les pierres précieuses de M. de Saint-Germain étaient fausses, ayant trouvé moyen d'en faire toucher une par la lime de son joaillier, qui fut apposté au passage du diamant qu'il s'agissait de montrer à la margrave, qui était au lit, car Saint-Germain avait grand soin de ne pas perdre ses pierreries de vue.

Enfin, cet homme extraordinaire est mort près de Schleswig, chez le prince Charles de Hesse, qu'il avait entièrement subjugué, et engagé dans des spéculations qui ont mal réussi. Durant la dernière année de sa vie, il ne se faisait servir que par des femmes, qui le soignaient et le dorlotaient comme un autre Salomon, et après avoir perdu insensiblement ses forces, il s'est éteint entre leurs bras.

Toutes les peines que les amis, les domestiques, et même les frères de ce prince se sont données pour arracher de lui le secret de l'origine de M. de Saint-Germain ont été inutiles; mais ayant hérité de tous ses papiers et reçu les lettres arrivées depuis au défunt, le prince doit être mieux instruit sur ce chapitre que nous, qui vraisemblablement n'en apprendrons jamais davantage, et une obscurité si singulière est digne du personnage.

(Baron de Gleichen, *Souvenirs*.)

DEUX LETTRES
DE MME DU HAUSSET
À M. DE MARIGNY

[...] J'ai vu Vernage, il a fait tomber la conversation fort naturellement sur la mort de Mme de Châteauroux. Quand je lui ai parlé de poison, il a levé les épaules et m'a dit : « Personne ne peut mieux vous parler de cela que moi ; je l'ai vue à son retour de Metz, et l'ai engagée à suivre un régime rafraîchissant, à se distraire, à faire de l'exercice ; mais elle ne m'a pas voulu croire, et n'a fait que songer à ce qui lui est arrivé à Metz, et à s'occuper avec une agitation extrême de l'avenir. Quinze jours environ avant sa mort, j'eus une grande conversation avec elle sur sa santé, à la prière de ses amis, et je lui dis : "Madame, vous ne dormez pas, vous êtes sans appétit, et votre pouls annonce des vapeurs noires, vos yeux ont presque l'air égaré ; quand vous dormez quelques moments, vous vous réveillez en sursaut. Cet état ne peut durer : ou vous deviendrez folle par l'agitation de votre esprit, ou il se fera quelque engorgement au cerveau, ou l'amas de matières corrompues vous occasionnera une fièvre putride." Je la pressai de se faire saigner, de prendre quelques légers purgatifs, et cela pendant plusieurs jours. Elle me promit et à ses amis, et M. de Richelieu le sait bien, de suivre mon ordonnance. Son rappel à la cour est venu, et la révolution de la joie, jointe à tout ce qui avait précédé, a fait fermenter les humeurs; et elle est morte d'une fièvre putride avec le transport au cerveau. »

Tout cela est bien long, mais je me conforme à vos désirs. Vernage m'a répété dix fois que sa maladie n'avait rien d'extraordinaire. M. de Richelieu m'a dit la même chose, ainsi que le bailli de Grille, intime ami de Mme de Châteauroux [...].

[...] La querelle de la présidente Portail avec la Vieux-Maison est très vraie, et je puis vous en dire les circonstances. Elles ont été très amies, mais elles étaient en froid pour un amant qu'elles se disputaient. Il y a quelques jours que chez Mme de ... elles se sont querellées, et la présidente a reproché à l'autre de courir après les hommes. «C'est bien à vous, dit-elle, qui avez couru après le roi, et avez été attrapée par un de ses domestiques qui a fait de vous tout ce qu'il a voulu. » Et aussitôt, sans qu'on pût l'interrompre, elle a commencé l'histoire. Mme Portail s'en est allée furieuse, sans entendre le reste qu'on a sans peine engagé la Vieux-Maison à raconter. «Au bal pour le mariage du dauphin, plusieurs femmes cherchaient à faire la conquête du roi; et la présidente, dit-elle, n'était pas la moins empressée. Le roi s'était déguisé en if, ainsi que trois ou quatre de ses courtisans: il s'amusa quelque temps au bal; et ensuite, fatigué de son habillement, il rentra chez lui par une porte de derrière, et l'on porta sa mascarade chez son premier valet de chambre qui a un petit appartement dans l'antichambre du roi. M. de Bridge, écuyer du roi, était son ami, il le pria de le lui prêter, ainsi que la clef de l'appartement. Il s'habilla en if, parut dans la salle, et bientôt fut fortement agacé par la présidente, qui le prit pour le roi. Il ne fut pas cruel, et proposa à la dame de le suivre chez son premier valet de chambre. La présidente s'y rendit. Il n'y avait point de lumière, parce qu'il avait eu la précaution de l'éteindre L'écuyer prodigua les promesses à la présidente, la pressa vivement, et elle crut avoir rendu le roi heureux. En sortant, elle vit le roi qui traversait l'œil-de-bœuf, vêtu à l'ordinaire; et l'if qui donnait le bras à la présidente, la quitta et s'évada. Elle vit qu'elle avait été trompée; elle fut furieuse: et ce n'est que longtemps après, par quelques indiscrétions, qu'elle sut, ainsi que moi, le nom de celui qui avait si bien joué le rôle du roi. C'est, au reste, un très bel homme. »

Dans toute cette histoire, il ne fut nullement question de Mme votre sœur, dont on n'a pas prononcé le nom. [...]

APPENDICES

NOTES

Page 29

1. Le manuscrit de ces *Mémoires* aurait été la propriété de M. de Marigny, frère de Mme de Pompadour, et aurait été sauvé *in extremis* de la destruction, comme l'a raconté Quentin Craufurd :

«Un ami de M. de Marigny [Sénac de Meilhan] entrant un jour chez lui le trouva brûlant des papiers. Prenant un gros paquet, qu'il allait aussi jeter au feu : "C'est un journal d'une femme de chambre de ma sœur, dit-il, qui était fort estimable : mais tout cela est du rabâchage ; au feu !" Et il s'arrêta en disant : "Ne trouvez-vous pas que je suis ici comme le curé et le barbier de don Quichotte, qui brûlent les ouvrages de chevalerie ? — Je demande grâce pour celui-ci, dit l'autre ; j'aime les anecdotes, et je trouverai sans doute dans ce manuscrit quelque chose qui m'intéressera. — Je le veux bien", répondit M. de Marigny, et il le lui donna.»

Plus tard, Sénac de Meilhan vendit, on ne sait à quelles conditions, le manuscrit à Quentin Craufurd. Ce dernier était un curieux personnage. Quentin Craufurd (Quintin Crawford) naquit en Écosse, à Kilwinnink, le 22 septembre 1743, d'une ancienne famille, et perdit prématurément son père. À l'âge de dix-huit ans, il entra au service de la Compagnie des Indes et s'embarqua pour Madras. Il s'engagea dans les troupes du général Draper, se battit contre les Espagnols et participa à la prise de Manille : il fut promu quartier-maître général. La paix revenue, il se livra au commerce pendant plus de quinze ans. Lorsqu'il revint en Europe, en 1780, il avait fait fortune. Après avoir parcouru l'Italie et les États allemands, il s'installa en France et se mit à collectionner les œuvres d'art, réunissant ainsi un ensemble que l'on disait remarquable. Il fut admis à

Versailles, et semble avoir noué avec la famille royale, en particulier avec Marie-Antoinette, des liens presque amicaux. Lorsque la Révolution éclata, il resta fidèle aux souverains, et fut un des rares à être mis dans le secret de la fuite de Varennes : c'est dans ses écuries que fut cachée la fameuse berline. À la fin de 1792, il émigra à Bruxelles, puis vécut à Francfort, à Vienne.... pendant que sa collection d'œuvres était saisie et vendue. Il en reconstitua une seconde à son retour en France, en 1802. Sous l'Empire, quoique Anglais, il ne fut pas inquiété car il bénéficia de la protection de Talleyrand et de Joséphine qu'il fréquenta à la Malmaison à partir de 1810. Il put enfin retourner en Angleterre en 1814 : ce fut pour s'y retrouver presque ruiné. Il mourut à Paris le 23 novembre 1819. Quentin Craufurd avait publié en anglais une *Histoire de la Bastille* (1792), et en français des *Essais sur la littérature française* (1803), un *Essai historique sur le docteur Swift* (1808), et les *Mélanges d'histoire et de littérature* qui révélaient les *Mémoires* de Mme du Hausset.

Page 31

1. Marthe-Marguerite Le Valois de Villette de Murçay (1673-1729), parente de Mme de Maintenon, fut élevée sous les yeux de la favorite de Louis XIV. En 1686 — elle avait treize ans — elle épousa Jean-Anne de Tubières, menin du dauphin. Elle était fort belle, et choisit de vivre une existence assez libre pour que le roi lui intimât en 1696 l'ordre de quitter la cour. Elle mena joyeuse vie à Paris, et revint à la cour de 1707 à 1715. Elle rédigea des *Souvenirs* qui, comme ceux de Mme du Hausset, sont écrits au fil de la plume et sans ordre. Ce texte circula longtemps en manuscrit et c'est Voltaire qui le premier l'édita en 1770 à «Amsterdam» (Genève).

2. Grâce aux travaux des érudits (en particulier ceux de Jean Nicolle), on a désormais fait justice des légendes qui se rapportaient à la famille Poisson, et que l'on a colportées durant deux siècles. Le père, François Poisson, né en 1684, appartenait à la bourgeoisie provinciale de la région de Langres. En 1715 il épousa Anne-Geneviève Le Carlier, de très bonne bourgeoisie, qui mourut trois ans plus tard. Il travaillait alors pour les frères Pâris, dont il sera question plus loin. C'est ainsi que se scella son destin : l'un de ces financiers, Pâris de Montmartel, était devenu amoureux de Louise-Madeleine de La Motte, fille du fournisseur en viandes et chandelles de l'hôtel des Invalides. Cette très jolie jeune femme acceptait de céder

à son soupirant, à condition d'obtenir une situation avouable... Pâris de Montmartel parvint à convaincre son adjoint Poisson, veuf depuis quelques mois, de se remarier avec Louise-Madeleine (1718). En récompense, le mari complaisant devint le bras droit des frères Pâris, qui aidaient à l'époque le régent à apurer le passif budgétaire du règne de Louis XIV — et construisaient eux-mêmes une belle fortune.

Mais ils tombèrent en disgrâce au moment où Law connaissait la réussite : pendant leur exil en province, Louise-Madeleine devint la maîtresse de Charles-François-Paul Lenormand, qui se fit appeler plus tard Lenormand de Tournehem, fermier général fort riche et directeur de la Compagnie des Indes. C'est alors que naquit, le 30 décembre 1721, la petite Jeanne-Antoinette Poisson. On s'est souvent demandé quel était son véritable père : il semble que François Poisson ait fait un long séjour à Marseille avant la naissance de sa fille présumée ; Pâris de Montmartel était en exil : toutes les apparences sont donc pour une paternité de Lenormand de Tournehem, mais on n'a aucune preuve. Cependant, un faisceau de présomptions va dans le même sens : si le parrain fut Montmartel, Lenormand de Tournehem semble avoir consacré sa vie entière à Jeanne-Antoinette, et lui légua la plus grande part de sa fortune, au détriment de sa propre famille. En 1725, naquit dans la famille Poisson un fils, Abel-François, dont le père semble avoir été François.

En 1726, un vent de rigueur souffla sur l'État : on poursuivit les profits illicites effectués à la fin du règne de Louis XIV et sous la Régence ; faute de pouvoir atteindre les frères Pâris, trop puissants, et qui repartirent en exil, le duc de Bourbon et Fleury laissèrent accuser François Poisson, soupçonné de spéculation sur les blés, et donc responsable présumé d'accaparement et de famine : le malheureux dut s'enfuir en Allemagne où il resta dix ans ; il ne fut autorisé à rentrer en France qu'en 1736, et ne fut réhabilité qu'en 1741.

Pendant ce temps Jeanne-Antoinette, protégée par Lenormand de Tournehem, était entrée aux ursulines de Poissy, d'où elle fut retirée quelques années plus tard. Elle vécut ensuite auprès de Tournehem, qui aménagea pour elle un théâtre dans sa propriété d'Étiolles : la jeune fille, qui recevait des leçons de musique, de chant et de diction, se passionnait pour les arts. Consciente de ses talents et de ses dons, elle dut alors — et son protecteur avec elle — envisager pour elle-même un grand avenir. Pour préserver totalement cet avenir — c'est-à-dire pour la doter de sa fortune en toute légalité — Tournehem lui fit épouser, le 9 mars 1741, son neveu Charles-Guillaume Lenormand (1717-1800), qui prit alors le nom de Lenormand d'Étiolles.

Reine du château d'Étiolles et du Tout-Paris de l'époque, à la fois par son intelligence et par ses dons artistiques, Jeanne-Antoinette semble n'avoir pas été très heureuse en ménage : sans doute était-elle frigide, et le mari qu'on lui avait imposé ne correspondait peut-être pas à son idéal. Toujours est-il que la jeune femme, qui avait donné naissance à une fille, Alexandrine, en août 1744, s'efforça alors d'attirer l'attention de Louis XV, qui chassait fréquemment dans la forêt de Sénart, toute proche de son château de Choisy — et d'Étiolles. À la suite de manœuvres et d'intrigues encore mal connues (peut-être un projet délibéré des frères Pâris), Jeanne-Antoinette Lenormand d'Étiolles céda au roi à la fin de 1744 ou au début de 1745 : l'intrigue commença à s'ébruiter le 28 février 1745 au bal donné à l'Hôtel de Ville de Paris en l'honneur du mariage du dauphin. C'est deux mois plus tard que la nouvelle favorite quitta le domicile conjugal, pendant que le mari, promu fermier général, allait séjourner près de deux ans à Grenoble, et, le 1er avril, elle parut pour la première fois en public au théâtre de Versailles. Elle fut alors faite marquise de Pompadour (juillet) et présentée officiellement à la cour (et donc à la reine) le 15 septembre. Trois mois plus tard, le 25 décembre 1745, mourait Louise-Madeleine de La Motte, sa mère, âgée de 46 ans.

Le reste de la carrière de Mme de Pompadour est bien connu : elle régna près de vingt ans, sinon toujours sur le cœur du roi, du moins sur son esprit. La seule éclipse qu'elle connut dura une semaine, au moment de l'attentat de Damiens, quand Louis XV, en butte à l'insistance de sa famille, hésita à la renvoyer. Elle cessa de partager la couche du roi au moment de la mort de sa fille (juin 1754). Elle dut alors se résoudre aux multiples passades du maître, s'en fit même parfois la pourvoyeuse ou la complice, mais veilla toujours à ce que ses rivales fussent éphémères. Elle s'occupa de favoriser les arts, et est connue comme une infatigable bâtisseuse. Peu à peu elle se mêla de politique, et c'est elle qui finit par faire et défaire ministres et généraux : Soubise, Belle-Isle, Machault, Bernis, Choiseul lui durent en tout ou partie leur ascension. Elle avait réussi à constituer autour d'elle un véritable « clan » qui s'opposait à ceux du dauphin, de d'Argenson, etc., et qui était surtout en butte aux milieux religieux, particulièrement les jésuites. Elle finit par triompher de ses adversaires, puisque l'ordre fut supprimé (1762-1764). Elle mourut le 14 avril 1764 à quarante-deux ans, sans doute cardiaque et peut-être diabétique. Les obsèques eurent lieu à Notre-Dame de Versailles, et elle fut inhumée dans le caveau qu'elle s'était réservé à l'église des Capucins de la place Vendôme. D'une fenêtre du château, Louis XV regarda s'éloigner le convoi funèbre.

3. C'est dans la famille de François Collesson, maître corroyeur à Vitry-le-François, et de sa femme Claudine Rollot, que naquit Nicolle le 14 juillet 1713. La petite fille eut trois frères vivants, pendant que quatre autres enfants mouraient prématurément. Le père lui-même disparut le 5 avril 1718 : l'aîné des enfants n'avait que dix ans, et, seule pour faire face aux difficultés de la famille, Claudine se remaria le 14 novembre 1719 avec Claude Collot. Ce mariage ne fut pas très heureux : le nouvel époux était violent, procédurier, et se montra un beau-père déplorable. C'est sans doute avec un certain soulagement que Nicolle entra au couvent pour achever son éducation et attendre l'âge de se marier elle-même.

À sa sortie du couvent, peut-être exclue de la famille par Claude Collot, elle fut prise en charge par son oncle Jean Rollot (qui se faisait appeler *de Beauregard*, *écuyer*), ancien soldat devenu prévôt de l'Hôtel des Invalides et promu commissaire d'artillerie. Dans ses *Mémoires*, Mme du Hausset rend hommage à son oncle pour les soins et la bienveillance qu'il lui manifesta. Elle perdit sa mère en 1733 : elle avait vingt ans. L'année suivante, elle se mariait.

Les Du Haussay (orthographe de l'époque) étaient originaires de Basse-Normandie et d'ancienne noblesse, mais peu fortunés. Le mari, Jacques-René Du Haussay, seigneur des Demaines, avait servi sans éclat à la première brigade des Chevau-Légers du Dauphin. Le jeune couple, marié le 15 février 1734, s'installa en Normandie, à Briouze, puis à Domfront et eut quatre enfants : Étiennette-Jeanne (10 décembre 1734), Claude-Hector (21 août 1736), Joseph-Jacques-René (25 février 1738), enfin Charlotte-Henriette (19 décembre 1740), sans doute morte en bas âge.

C'est en 1743 que Nicolle devint veuve ; elle n'était pas dans une misère totale : ayant reçu le douaire de 3 000 livres qui lui était garanti par contrat de mariage, elle le plaça avec d'autres économies sur la Ville de Paris et se constitua une rente de 200 livres au denier 20 (5 %). Quoi qu'il en soit, un tel revenu était insuffisant pour subsister avec trois enfants, et on ignore comment Nicolle vécut durant ces années noires : peut-être eut-elle recours encore à la sollicitude de l'oncle Rollot. Elle s'occupa aussi de placer Étiennette, l'aînée, à la maison d'éducation de Saint-Cyr : la réponse favorable des autorités lui parvint en 1746.

La même année sans doute, recommandée à Mme de Pompadour, Mme Du Haussay accepta une place de femme de chambre dont la signification humiliante était alors beaucoup moins perceptible qu'aujourd'hui : de grands personnages s'enorgueillissaient de remplir de semblables fonctions auprès des membres de la famille royale. Il est vrai que l'ambiguïté du statut social et mondain de Mme de Pompadour compliquait un peu les choses... Mais cette place constituait un refuge sûr, et permettait à sa détentrice d'approcher les cercles du pouvoir réel et de l'argent : elle était ainsi admirablement placée pour apprendre bien des détails sur les intrigues de la cour et pour recevoir d'importantes gratifications. Cette « machine à obéir », pour reprendre la formule d'un des éditeurs des *Mémoires*, acquit la confiance de sa maîtresse, puis du roi qui n'aimait guère les visages nouveaux. Sans doute profita-t-elle aussi de sa faveur pour accélérer la carrière militaire de ses fils.

La grande affaire de Mme Du Haussay fut le mariage de sa fille Étiennette avec Jean-Nicolas de Barrême, chevalier, seigneur de Crémilles et de La Boissière. Ce jeune homme appartenait à la petite noblesse provençale, et il était parent du fameux auteur des *Comptes faits*. Bien qu'elle ne reçût officiellement que des appointements de 150 livres par an, Nicolle Du Haussay remit par contrat à sa fille 20 000 livres en argent, « bijoux, linge et hardes » ; ajoutons que la cérémonie, où elle signa Mme Du Haussay née *de* Collesson (promotion significative...), fut menée en présence de grands personnages de la cour. Le mari s'installa comme fermier du roi à Moulins et procréa six enfants en une dizaine d'années.

À la mort de Mme de Pompadour (1764), Mme Du Haussay reçut par testament une pension de 900 livres et la moitié de la garde-robe, habits, dentelles, etc., de sa maîtresse, à égalité avec la seconde femme de chambre, Jeanne Perceval : sa part dans la vente dépassa 25 000 livres. Abandonnant l'hôtel de la rue des Réservoirs où avait logé Mme de Pompadour, Mme Du Haussay devint locataire rue des Bons-Enfants ; elle avait largement de quoi vivre.

Mais sa vieillesse fut troublée : Barrême de Crémilles, le mari d'Étiennette, démangé du désir d'acheter des terres, commit des indélicatesses, joua avec les fonds qui lui étaient confiés, emprunta pour rembourser... Le scandale éclata en 1779, et il dut s'enfuir. Sa femme, considérée comme sa complice, fut assignée à résidence à Moulins, en attendant que la justice apurât les comptes. Lorsque ce fut fait, Nicolle Du Haussay se retrouva en partie ruinée. Elle quitta la rue des Bons-Enfants et s'installa à Paris, dans un appartement de la rue des Enfants-Rouges où Étiennette se réfugia avec ses enfants. C'est là que Mme Du Haussay mourut le 5 thermidor an IX (24 juillet 1801), âgée de quatre-vingt-huit ans.

On a conservé dans cette édition l'orthographe du nom sous lequel Mme du Hausset a été connue pendant un siècle et demi : la forme phonétique est la même [DYOSE], et l'orthographe des noms propres était d'ailleurs peu fixée au XVIIIe siècle.

4. François Quesnay, médecin de Mme de Pompadour, fut avec Cantillon et Adam Smith un des premiers théoriciens de la pensée économique, et c'est à ce titre qu'il est connu aujourd'hui. Il était né en 1694 à Méré d'un père laboureur, dans une famille de treize enfants ; son éducation fut très négligée puisqu'à onze ans il ne savait pas lire. Il perdit son père à treize ans, et en 1711 décida de se consacrer à l'apprentissage de la chirurgie. Après avoir reçu les leçons d'un rebouteux local, il se rendit à Paris pour apprendre le métier de graveur, se maria en 1713 et s'installa à Mantes pour pratiquer la chirurgie : il effectuait accouchements, saignées et opérations, et s'efforça de se perfectionner. Il écrivit les *Observations sur les effets de la saignée* (1730), puis devint le chirurgien du duc de Villeroy, et publia en 1736 son *Essai sur l'économie animale*. C'est alors qu'il se lança dans la polémique qui opposait les médecins aux chirurgiens (ces derniers étaient considérés comme inférieurs). Bien qu'à la longue il ait eu gain de cause, Quesnay passa en 1744 son doctorat en médecine à Pont-à-Mousson. C'est en 1749 que, toujours au service de Villeroy, il fit la connaissance de Mme de Pompadour qui voulut se l'attacher : Quesnay, veuf depuis 1728, s'installa au château de Versailles dans un petit appartement situé sous celui de la marquise. Il suivait sa maîtresse dans tous ses déplacements, et devint aussi médecin consultant du roi. S'il ne fut pas un praticien révolutionnaire, du moins sauva-t-il le dauphin atteint de la petite vérole : Louis XV pour le récompenser lui accorda des lettres de noblesse. Il entra à l'Académie des

sciences en 1751, et l'année suivante à la Royal Society de Londres. Mais déjà Quesnay, fréquentant les milieux philosophiques, mettait un frein à son activité médicale et se tournait vers l'économie. Il donna divers articles à l'*Encyclopédie*, dont *Fermiers* et *Grains*, et réunit autour de lui un cénacle (Mirabeau, Le Mercier de La Rivière, etc.) qui finit par constituer l'école physiocratique. Le *Tableau économique*, qui passa sous les yeux du roi, fut publié en 1758, et Dupont de Nemours, Le Trosne, l'abbé Baudeau chantèrent tour à tour les louanges de leur ami et propagèrent la science nouvelle qui connut un certain engouement. Durant ses dernières années, Quesnay, tombé en semi-disgrâce à la mort de Louis XV, se livra à des études mathématiques. Il mourut le 16 décembre 1774 alors que, depuis quelques mois, l'un de ses disciples, Turgot, était arrivé au contrôle général.

Page 32

1. Le mari de Mme de Pompadour, Charles-Guillaume Lenormand, avait deux sœurs : l'aînée, Élisabeth-Lucie (1711-1783), épousa un conseiller au parlement de Rouen, Michel de Martainville, qui ne tarda pas à répudier sa femme, se réconcilia avec elle, et mourut en 1756 : elle se remaria alors avec Robert Le Sens de Folleville. La seconde sœur, Charlotte-Victoire (prénommée en réalité Anne), née en 1712, épousa le 4 avril 1740 François de Baschi, descendant d'une famille d'origine italienne d'honorable noblesse. Comme le voulait la coutume de l'époque, la belle-sœur du ménage, devenue favorite de Louis XV et toute-puissante, aida les Baschi à s'élever dans la société : ils vécurent à la cour et les témoignages du temps insistent sur les sollicitations dont ils accablèrent Mme de Pompadour. François de Baschi semble avoir été très intéressé, et même cupide, mais il est juste d'ajouter qu'il ne possédait pas de fortune personnelle, et qu'il fut très déçu à la mort de Lenormand de Tournehem, son oncle par alliance, qui s'était arrangé pour léguer l'essentiel de sa fortune à Jeanne-Antoinette, marquise de Pompadour. François de Baschi fut ambassadeur à Munich (1748) puis à Lisbonne (1751).

2. Abel-François Poisson naquit en 1725. C'est sa sœur qui fit sa fortune : elle lui fit accorder la survivance du poste de directeur et ordonnateur général des bâtiments du roi, attribué à Lenormand de Tournehem en 1746 : ainsi était-il doté d'un avenir. Pour le présent, il fut fait marquis de Vandières. Afin de se mettre à même de remplir honorablement ses

futures fonctions, il effectua à partir de 1749 un voyage de deux ans en Italie, en compagnie de l'architecte Soufflot, du dessinateur et graveur Cochin, et de l'abbé Le Blanc — compagnons que par la suite Abel-François appela ses «yeux» et sans l'avis desquels il ne prenait pas de décision importante. En 1751 Lenormand de Tournehem mourut et il lui succéda aux Bâtiments du roi. Il assuma sa charge avec une certaine habileté, projeta de grands travaux au Louvre, chargea Soufflot de construire une nouvelle église de Sainte-Geneviève, et fréquenta peu à peu la cour; il fut fait marquis de Marigny. Cependant, et même s'il obtint la confiance de Louis XV, il ne put éviter un long conflit avec l'architecte Gabriel et l'Académie d'architecture. À la mort de Mme de Pompadour, et unique héritier de sa sœur, il resta en place et fut même fait conseiller d'État d'épée en 1772. Mais l'abbé Terray voulait s'emparer de ses fonctions et le persécuta de telle façon que Marigny donna sa démission, qui fut finalement acceptée.

Sur le tard, il prit le nom de marquis de Ménars (une de ses terres), se maria avec Marie-Françoise Filleul dont la chronique scandaleuse de l'époque assure que, beaucoup plus jeune que son mari, elle le trompa abondamment, en particulier avec le cardinal de Rohan et un des meilleurs amis d'Abel-François. Celui-ci mourut le 10 mai 1781 à l'âge de cinquante-six ans. Il eut assez mauvaise réputation au XVIIIe siècle, et les historiens modernes l'ont partiellement réhabilité.

Page 33

1. Jean-Baptiste de Machault d'Arnouville, né le 13 décembre 1701 à Paris, était le fils d'un conseiller d'État; il mena une carrière administrative classique: conseiller au parlement (1721), maître des requêtes (1728), président au grand conseil, intendant du Hainaut (1743). Il devint contrôleur général des finances le 6 décembre 1745, fut fait ministre d'État en 1749. Il démissionna du contrôle général en août 1754, pour prendre le secrétariat d'État à la Marine; il était aussi garde des Sceaux depuis le 10 décembre 1750. Il perdit ces deux dignités lors de sa disgrâce, le 1er février 1757: il fut acteur maladroit et victime de la partie de bras de fer menée entre le «clan Pompadour» et la famille royale au moment de l'attentat de Damiens. Il mourut dans les prisons de la Terreur, le 12 juillet 1794, dans sa quatre-vingt-quatorzième année.

2. L'«assassinat du roi», c'est-à-dire l'attentat de Damiens, eut lieu le 5 janvier 1757.

3. François-Joachim de Pierre de Bernis naquit à Saint-Marcel-en-Vivarais (Ardèche) le 22 mai 1715, d'une famille ancienne mais pauvre : en tant que cadet, il était destiné à l'Église et fit ses études à Louis-le-Grand et au séminaire de Saint-Sulpice. Cet abbé bon vivant s'efforça de réussir moins par sa ferveur religieuse que par la littérature : il écrivit des poèmes et de nombreuses pièces de circonstance, et Voltaire le surnomma « la belle Babet » ou encore « Babet la bouquetière ». Il fut chanoine-comte de Brioude en 1739 et entra à l'Académie française dès 1744 ; il sut plaire à Mme de Pompadour : chanoine-comte de Lyon en 1749, il devint ambassadeur à Venise en 1752, en Espagne (1755), conseiller d'État (1756), et l'année suivante ministre d'État et secrétaire d'État aux Affaires étrangères. Il ne conserva son poste que dix-huit mois, et fut disgracié à la fin de 1758 pour être remplacé par Choiseul, non sans avoir été nommé cardinal quelques jours auparavant. Il fut alors ordonné prêtre (1760) et devint archevêque d'Albi (1764). Louis XV le chargea de représenter la France à Rome où il mena joyeuse vie (1769-1791). Il mourut en Italie le 2 novembre 1794.

L'épisode auquel fait ici allusion Mme du Hausset se place en novembre 1758 : un an auparavant, le 5 novembre 1757, la bataille de Rossbach, perdue par Soubise (voir plus loin, note 1, p. 104), avait constitué le début de l'effondrement moral de Bernis, incapable de faire face à la situation diplomatique qu'il avait lui-même provoquée. La tension alla croissant jusqu'à ce que, circonvenu par Mme de Pompadour et Choiseul, Louis XV le disgraciât, le 19 novembre 1758.

4. Le dauphin avait épousé en secondes noces Marie-Josèphe de Saxe (Dresde, 10 janvier 1747). Le frère de Marie-Josèphe, le comte de Lusace, avait l'air « commun et très bourgeois » (Dufort de Cheverny). Il intrigua avec sa sœur pour s'emparer de l'électorat de Hanovre mais, ajoute Dufort, « comme disait M. de Saint-Germain, ambassadeur de Sardaigne, cette maison n'avait jamais eu de grands hommes que dans ses bâtards (le maréchal de Saxe) ».

5. Madame Infante était Louise-Élisabeth de France, fille aînée de Louis XV, née le 14 août 1727 ; elle avait été mariée en 1739 à don Philippe, duc de Parme, infant d'Espagne ; elle mourut à Versailles le 6 décembre 1759. Dufort de Cheverny décrit dans ses *Mémoires* une scène caractéristique de ses relations avec Bernis : « Madame Infante, singulièrement grasse, aimait la parure et était d'une bonhomie qui, sans nuire à sa

dignité, perçait dans toutes ses actions. Elle parut un jour dans le cabinet avec une robe de satin cramoisi, retroussée par des attaches faites avec tous les diamants de la couronne, le Pitt, le Sancy, le Régent. Je n'ai de ma vie vu une parure si riche et de si mauvais goût. Sa robe de cour, sans mantelet, étalait une gorge très volumineuse. Tout le monde remarqua l'abbé de Bernis qui, en causant avec elle familièrement, promenait comme par distraction, sur cette énorme peau, les poils d'un manchon de martre qu'il tenait fort haut. »

Dans ses *Mémoires*, écrits évidemment pour donner de lui-même à la postérité une image conforme à ses vœux, Bernis dément les bruits ici rapportés : « On répandit dans le public que Madame Infante, qui m'honorait de ses bontés et, s'il m'est permis de le dire, de son amitié, avait, par le canal de Mme la princesse de Trivulce, sa dame d'honneur, et sœur du cardinal Archinto, secrétaire d'État du pape, négocié mon chapeau : l'une et l'autre n'y avaient pas songé, et le roi m'avait défendu de leur en parler avant la déclaration qui en fut faite. »

Page 34

1. Bernis avait obtenu la barrette le 2 octobre 1758, et fut disgracié un mois plus tard. Dans ses *Mémoires*, il donne une autre version des faits : « Le jour de la cérémonie du chapeau, quinze jours avant mon exil, le roi me combla de bontés en public. En me mettant la barrette sur la tête, il me dit assez haut pour être entendu de tout le monde : "Je n'ai jamais fait un si beau cardinal." »

2. Étienne-François, fils de François-Joseph de Choiseul, marquis de Stainville, et de Louise-Charlotte-Élisabeth de Bassompierre, naquit le 28 juin 1728 à Nancy. Après des études chez les jésuites, il embrassa une carrière militaire, et fit la guerre de Succession d'Autriche, d'abord dans l'armée du prince de Conti puis dans celle du maréchal de Belle-Isle. À chaque pause hivernale, il fréquentait la cour, et c'est ainsi qu'il connut Mme de Pompadour, qui lui était alors hostile. Antoinette-Eustachie du Châtel, héritière des millions Crozat, et épouse du duc de Gontaut, s'éprit de lui et l'engagea à épouser sa sœur, Louise-Honorine, qui n'avait que douze ans. Ainsi devenu riche, le comte de Stainville put envisager plus sereinement l'avenir. En révélant à la favorite une intrigue cachée du roi avec Mme de Choiseul-Romanet, il rendit service à Mme de Pompadour qui, reconnaissante, réussit à lui obtenir l'ambassade de Rome, alors importante à cause de la querelle

entre jésuites et jansénistes. Le renversement des alliances opéré par Bernis et Mme de Pompadour exigeait que le poste de Vienne fût donné à un homme de confiance : c'est Stainville qui fut choisi mais, correspondant directement avec la marquise, il parvint sans trop de difficultés à supplanter Bernis. Secrétaire d'État aux Affaires étrangères (décembre 1758), il eut aussi la Guerre et la Marine, en alternance avec son cousin Choiseul-Praslin. Il prit alors le titre de duc de Choiseul et demeura pendant douze ans le « cocher de l'Europe », menant de front un considérable travail administratif, la fréquentation de la cour et d'innombrables intrigues amoureuses. Il déjoua de nombreuses tentatives tendant à le brouiller avec le roi, mais succomba lorsqu'en 1770 sa sœur, la duchesse de Gramont, prit la tête d'une campagne visant à humilier et à éliminer la nouvelle favorite, Mme Du Barry. Le 24 décembre 1770, il fut disgracié et s'installa dans sa propriété de Chanteloup, très vite devenue le centre d'une vie mondaine animée et un foyer d'opposition politique. Mais l'accession au pouvoir de Louis XVI ne lui permit pas de reprendre ses activités, et il mourut à peu près ruiné le 8 mai 1785.

3. Louise-Honorine du Châtel de Crozat, qui descendait, disait-on, d'un arrière-grand-père cocher, était la sœur d'Antoinette-Eustachie, épouse du duc de Gontaut (voir note 2, p. 35). Elle était née en 1735, fut fiancée à Stainville en 1747 et l'épousa en 1750. Elle avait une grosse fortune et fut une épouse accomplie, qui supporta à la fois les infidélités de son mari et la présence de Mme de Gramont, et demeura la compagne des bons et des mauvais jours. Elle mourut le 3 décembre 1801, après avoir connu quelques mois de prison sous la Terreur et après s'être ruinée à rembourser les dettes laissées par son mari. Les Choiseul n'eurent pas d'enfant.

Béatrix de Choiseul-Stainville naquit à Lunéville en 1730. Elle fut tout d'abord chanoinesse de Remiremont. Le succès de son frère lui permit d'épouser en 1759 le duc de Gramont, gouverneur de Haute et Basse-Navarre et du Béarn, dont elle se sépara immédiatement. Impérieuse, possessive, un peu masculine, elle vécut alors avec le ménage Choiseul et devint une figure connue de la cour. Les mauvaises langues du temps prétendirent qu'elle entretenait avec son frère des relations incestueuses. Après la mort de Mme de Pompadour, elle tenta de devenir la maîtresse du roi, échoua, et s'opposa de toutes ses forces à la Du Barry. Elle suivit son frère en exil à Chanteloup. Durant la Révolution, elle fut incarcérée, et guillotinée le 17 avril 1794.

4. On retrouvera plus loin ces deux personnages: le lieutenant de police est ici Nicolas-René Berryer (voir note 1, p. 69); il avait été précédé de René Hérault, Feydeau de Marville, et fut suivi de Bertin, puis Sartine, Le Noir... L'intendant des postes était Robert Jannel, mort en 1770.

5. Il s'agit de Pierre-Marc de Voyer de Paulmy, comte d'Argenson, d'une grande famille de «hauts fonctionnaires». Il naquit à Paris le 16 août 1696, devint conseiller au parlement (1719), puis maître des requêtes; il devint ensuite lieutenant de police, intendant de Tours (1721), conseiller d'État, intendant de Paris (1740), ministre d'État et secrétaire d'État à la guerre de 1743 à 1757, surintendant général des postes de 1744 à 1757. Il perdit ses fonctions à sa disgrâce, le 1er février 1757, en même temps que Machault (voir plus loin, note 2, p. 90). C'était un ennemi de Mme de Pompadour, laquelle craignit longtemps qu'il ne l'empoisonnât.

Page 35

1. Cette habitude de la violation des correspondances privées, pratiquée par ce qu'on appelait le «cabinet noir», répondait à des nécessités politiques et à une curiosité malsaine de Louis XV, qui ne détestait pas de retrouver chez autrui les faiblesses dont il était lui-même atteint. Le roi s'intéressait surtout à la vie privée des ecclésiastiques et des courtisans.

Robert Jannel, né vers 1685, avait commencé sa carrière comme simple commis et devint grâce à sa fidélité et à sa discrétion intendant général des postes et chevalier des ordres du roi. Il était craint à peu près universellement, et d'Argenson dans ses *Mémoires* le qualifie de «grand fripon et grand traître», alors que Dufort de Cheverny le voit «presque ministre de Paris». Il travaillait dans un bureau dont nul ne connaissait l'emplacement, à la tête de six commis dont le chef, M. Avril, recevait 15 000 livres de rente.

2. Il s'agit de Charles-Antoine, marquis de Gontaut de Biron, un des courtisans les plus proches de Mme de Pompadour dont il était l'amuseur permanent. Il avait épousé en 1744 Antoinette-Eustachie du Châtel qui, comme on l'a vu, devint à dix-huit ans la maîtresse de Choiseul, et mourut le 14 avril 1746 en mettant au monde un enfant, Armand-Louis, qui devint le célèbre Lauzun.

3. Affirmation inexacte, comme le montre la lecture des *Mémoires* de Choiseul; en liant sa fortune à celle de Mme de Pompadour, Choiseul acquérait par là même les ennemis de la

favorite : d'Argenson et sa maîtresse Mme d'Estrades, les jésuites, le dauphin et ses partisans... Choiseul dut sans cesse déjouer des intrigues, et il y excella.

4. Charles-François, comte de Broglie, né le 20 août 1719, était le frère du maréchal-duc de Broglie et de l'évêque de Noyon. Ce militaire fut affecté en 1752 à l'ambassade de France auprès de l'électeur de Saxe, roi de Pologne : il réussit à réunir autour de lui un groupe de pression favorable à la France et hostile à l'influence russe, mais fut bientôt rappelé. Pendant la guerre de Sept ans, il servit dans l'armée d'Allemagne, fut fait maréchal des logis, puis lieutenant général (1760). Avant même la fin de la guerre, Louis XV lui confia la direction du ministère secret, une sorte de cellule occulte qui fournissait le roi en informations confidentielles, assurait des missions d'espionnage, etc., dont n'avaient pas à connaître les ministres. Ennemi de Choiseul et de Soubise, il fut exilé en 1762, mais poursuivit sa correspondance avec le roi. Il mourut en 1781.

5. La scène ici décrite ne peut avoir eu lieu que peu de temps avant la mort de la marquise, probablement en 1760 ou 1761 : la correspondance entre le roi et le comte de Broglie commença en 1756, mais Choiseul ne fut au pouvoir que fin 1758. D'autre part, après les polémiques relatives à la défaite de Fillingshausen (15-16 juillet 1761), le comte et son frère le maréchal furent exilés par décision du conseil (février 1762).

Page 37

1. Le Secret du roi est mal connu dans ses origines : même lorsque Fleury était au pouvoir, Louis XV correspondait avec tel ou tel de ses intimes, à l'insu de tous. Une correspondance organisée s'instaura vers 1745, au moment des visées du prince de Conti sur le trône de Pologne. Les seuls succès du Secret furent la guerre de la Turquie et de la Russie (1768) et le coup d'État de Gustave III en Suède (1772). Les grands échecs en furent le partage de la Pologne et l'impossibilité de réaliser le projet de débarquement en Angleterre. Mais ce système occulte permettait à Louis XV, obsédé de la crainte d'être trompé, mal informé ou mal servi, de surveiller ses ministres. Mme de Pompadour était très hostile au Secret, car elle voulait pouvoir peser sur la diplomatie française au gré de ses caprices ou de ses choix politiques. Elle réussit en 1756 à faire disgracier le prince de Conti, qui avait longtemps travaillé en

tête à tête avec le roi, mais elle ne put venir à bout du Secret, malgré l'exil du comte de Broglie.

Le maître d'œuvre du Secret était Jean-Pierre Tercier (1704-1767), d'une famille d'origine suisse ; il avait vécu en Pologne où il avait soutenu Stanislas, avait ensuite travaillé au Cabinet noir, avait été anobli en 1749 et était alors entré comme premier commis aux Affaires étrangères, ce qui lui donnait accès aux dossiers. Choiseul l'écarta en 1759 sous un prétexte spécieux (sans doute se doutait-il de quelque chose), mais Tercier n'en continua pas moins ses fonctions de correspondant secret et de conseiller occulte de Louis XV jusqu'à sa mort. C'était un grand polyglotte, un érudit connu, un diplomate hors de pair, et il fit face durant des années à un labeur écrasant.

2. Pierre Guérin de Tencin était né à Grenoble le 22 août 1680. Après avoir étudié la théologie, il fut fait prieur de Sorbonne, grand vicaire de l'archevêque de Sens, abbé de Vézelay. Il fut le conclaviste du cardinal de Rohan en 1721 et fut nommé archevêque d'Embrun (1724). Il fut très mêlé aux luttes religieuses du siècle et connut une carrière rapide grâce à l'influence acquise par sa sœur (1681-1749) qui, religieuse, quitta le voile pour mener une vie galante qui défraya la chronique (elle eut un enfant qu'elle abandonna et qui devint le célèbre d'Alembert). Pierre de Tencin devint cardinal en 1739, archevêque de Lyon l'année suivante. On parla de lui pour succéder à Fleury, mais si Louis XV lui écrivit souvent, il ne voulut pas en faire un premier ministre. Tencin mourut le 2 mars 1758.

3. Charles-Maurice, abbé de Broglie (1692-1766), fut agent général du clergé (1710-1720), abbé du Mont-Saint-Michel et des Vaux-de-Cernay, et entretint longtemps une correspondance avec le roi, vis-à-vis duquel il garda toujours son franc-parler. Il fut sans doute le protagoniste de cette scène décrite dans les *Fastes de Louis XV* : « Un autre jour de grand couvert, Louis XV s'informait d'un de ses commensaux : on lui dit qu'il était mort. "Je le lui avais bien annoncé", répondit-il. Puis envisageant le cercle des courtisans qui l'entouraient et fixant l'abbé de Broglie, homme hargneux, dur et colère, il l'apostropha en ces termes : "À votre tour !" L'abbé, ne pouvant se contenir, réplique : "Sire, Votre Majesté est allée hier à la chasse, il est venu un orage, elle a été mouillée comme les autres" ; et puis sort, bouillant de rage. "Voilà comme est cet abbé de Broglie, s'écria le roi, il se fâche toujours." »

Page 38

1. Louis-Marie-Augustin, duc d'Aumont, naquit le 28 août 1709. Il fit la guerre en Bohême, fut brigadier en 1740, maréchal de camp en 1743, aide de camp du roi l'année suivante. Il participa aux batailles de Fontenoy, Lawfeld, à la prise de Berg-op-Zoom, et fut fait lieutenant général en 1748. Gouverneur du Bourbonnais à partir de 1751, il fut aussi premier gentilhomme de la chambre et garda la faveur de Louis XV dont il avait été le compagnon de jeunesse.

2. L'allusion n'est pas limpide : à Choisy les courtisans devaient porter un vêtement particulier, noir pour les femmes, gris pour les hommes, d'où l'expression « habit de Choisy ». Les habits « à brevet » étaient des justaucorps bleus à parements rouges que Louis XIV avait autorisés à certains courtisans pour l'accompagner dans ses déplacements. Louis XV joue ici sur l'équivoque des deux types de vêtement.

Page 39

1. Jean Pâris, dit « de Montmartel », né à Moirans en 1790, était le plus jeune des frères Pâris qui firent fortune dans la fourniture des vivres aux armées et dans la trésorerie des troupes ; ils furent receveurs généraux des finances, se chargèrent du bail des Fermes sous la Régence, et aidèrent à apurer l'énorme passif laissé par la gestion de Louis XIV. Ils furent exilés à deux reprises : au moment du triomphe de Law (mais ils participèrent à la liquidation du « Système »), et en 1726 — mais ils rentrèrent en grâce en 1730. Pâris de Montmartel fut garde du Trésor royal de 1722 à 1726 ; cette dignité fut rétablie pour lui en 1730. On a vu plus haut qu'il fut le premier amant de Louise-Madeleine de La Motte, mère de Mme de Pompadour. Il mourut en 1766.

2. Un chevalier de l'ordre du Saint-Esprit.

3. Quesnay lui-même semble avoir été désintéressé, ce qui était assez rare dans le monde qui gravitait autour de la favorite — mais ses revenus, de l'ordre de 20 000 livres par an, étaient confortables. La fable racontée ici par le médecin de Mme de Pompadour mériterait d'être longuement commentée ; il faut probablement situer la scène au début de ses préoccupations économiques, soit entre 1750 et 1752. En effet cette parabole de la « poudre de perlimpinpin », qui témoigne d'un souci pédagogique qu'on ne retrouve pas toujours dans les écrits de Quesnay, paraît manifester une influence encore active de la pensée « mercantiliste », qui mettait l'accent sur

Notes

l'importance fondamentale de l'or dans les échanges économiques.

Page 40

1. On appelait *économistes* au XVIIIe siècle (avec souvent une nuance péjorative) les membres de la «secte» des physiocrates.
2. Le petit duc de Bourgogne, petit-fils de Louis XV, était Louis-Joseph-Xavier (1751-1761), fils aîné du dauphin et de Marie-Josèphe de Saxe, et frère aîné des futurs Louis XVI, Louis XVIII et Charles X.

Page 41

1. Le duc de Bourgogne mourut le 21 mars 1761 à Versailles, sans doute des suites d'une opération à la hanche : la blessure s'infecta et une septicémie se déclara.
2. La conquête de Mahon (île de Minorque), dont le fort *San-Felipe* passait pour imprenable, eut lieu sous la direction du maréchal de Richelieu, le 28 juin 1756.
3. Maurice, comte de Saxe, né le 19 octobre 1696, était le fils (bâtard) d'Auguste II, électeur de Saxe, roi de Pologne, et d'une Suédoise, la comtesse Aurore de Kœnigsmark. Dès l'âge de douze ans, il montra du goût pour la guerre en assistant au siège de Lille (1708). L'année suivante, il participait au siège de Tournai, se trouvait à Malplaquet... Il rencontra son modèle, Charles XII, au siège de Stralsund où il fut son adversaire. Le comte de Saxe, marié à quinze ans, mais qui fut toute sa vie un homme à femmes, se battit ensuite en Hongrie dans l'armée du prince Eugène. C'est en 1720 qu'il entra au service de la France avec le grade de maréchal de camp. Il tenta cependant pendant plusieurs années, à titre personnel, d'obtenir le duché de Courlande : lorsqu'il fut assiégé à Mitau, l'actrice Adrienne Lecouvreur vendit ses bijoux et lui envoya 40 000 livres pour le secourir. En 1738, il écrivit ses *Rêveries* (publiées en 1756). Lors de la guerre de Succession d'Autriche, il joua un grand rôle : il aida à prendre Prague, et surtout organisa la bataille de Fontenoy. Louis XV le récompensa dignement : il avait été fait maréchal en 1743 ; il reçut des lettres de naturalisation, et la jouissance de Chambord avec 40 000 francs de revenu sur le domaine. L'année suivante, après la bataille de Raucoux (11 octobre 1746), il obtint le titre de maréchal général, qu'avant lui Turenne seul avait porté. En 1747, aidé de Löwendal, il permit les victoires de Lawfeld, Berg-op-Zoom et

Maestricht. Il mourut le 30 novembre 1750 à cinquante-quatre ans, et Louis XV fit édifier à Strasbourg, où il fut inhumé, un splendide mausolée par Pigalle.

4. Louis-François-Armand Vignerot du Plessis, duc de Fronsac, puis de Richelieu, était le petit-neveu du cardinal. Il naquit le 13 mars 1696 et fut destiné à une carrière militaire. Il débuta sous Villars, et devint très tôt — et ne cessa d'être — la coqueluche des dames de la cour. Il fit plusieurs séjours à la Bastille, en particulier pour avoir trempé dans la conspiration de Cellamare. Il participa aux guerres de Succession de Pologne et d'Autriche, devint maréchal en 1748, gouverneur de Guyenne et de Gascogne en 1755. Lors de la guerre de Sept ans, il prit Minorque, et mena la campagne de Hanovre qui aboutit à la capitulation de Closterseven (1757). Richelieu s'illustra en pillant les pays conquis de façon outrancière : il fit construire, dit-on, le pavillon de Hanovre avec les richesses ainsi volées. Il s'efforça toujours de conserver une certaine influence sur Louis XV, en particulier par les femmes : il soutint Mme de Châteauroux, entretint avec Mme de Pompadour des relations hostiles, et c'est probablement lui qui mit dans le lit du monarque une certaine Jeanne Bécu de Vaubernier qui était (ou avait été) sa maîtresse, et qui devint célèbre sous le nom de comtesse Du Barry. Le maréchal de Richelieu mourut en 1788.

5. Le dauphin, seul fils vivant de Louis XV (qui eut par ailleurs huit filles et un certain nombre de fils illégitimes), était Louis, né le 4 septembre 1729 ; il mourut le 22 décembre 1765. L'usage s'était établi sous Louis XIV de donner au dauphin six menins, attachés particulièrement à sa personne. « Le chevalier de Montaigu se meurt », écrit d'Argenson à la date du 21 juin 1753.

Page 42

1. « *Empyème* : terme de chirurgie qui se prend pour une maladie ou pour une opération. L'*empyème*, maladie, est en général un amas de pus dans quelque cavité du corps, dans la tête, dans le bas-ventre, ou ailleurs. Mais parce que cet amas se fait plus souvent dans la poitrine que dans toute autre cavité, on a donné particulièrement le nom d'*empyème* à la collection du pus dans la capacité de la poitrine. L'*empyème*, opération, est une ouverture qu'on fait entre deux côtes, pour donner issue aux matières épanchées dans la poitrine » (article d'Antoine Louis dans le tome V de l'*Encyclopédie*).

2. Louis, duc d'Ayen, était le fils du duc de Noailles. Né en 1713, il fut maître de camp en 1730, maréchal de camp en 1743, lieutenant général cinq ans plus tard. Louis XV, qui l'aimait beaucoup, le prit, on le verra plus loin, comme confident de son intrigue naissante avec Jeanne-Antoinette Poisson. Il devint gouverneur de Saint-Germain-en-Laye en 1754, et était le capitaine des gardes du corps le jour de l'attentat de Damiens. Il avait un certain franc-parler (même vis-à-vis du roi), ce qui lui valut quelques difficultés avec le dauphin. Il fut fait maréchal de France en 1777. Il mourut le 22 août 1793 et sa veuve fut guillotinée le 4 thermidor an II.

3. La première épouse du dauphin, Marie-Thérèse d'Espagne, était morte le 22 juillet 1746 après un an de mariage. La « dauphine », Marie-Josèphe de Saxe, était donc la seconde femme de Louis. Elle était née le 4 novembre 1732. Le mariage eut lieu à Dresde les 9 et 10 janvier 1747 : le duc de Richelieu y représentait le dauphin. Marie-Josèphe et son époux étaient très pieux et se trouvaient au centre d'un groupe de pression essentiellement composé de jésuites et d'écrivains antiphilosophiques. D'où le défi que constituait le « conte japonais » qui leur fut envoyé.

4. L'un des sous-précepteurs du dauphin était Odet de Vaux de Giry, abbé de Saint-Cyr, qui avait inventé les « Cacouacs », destinés à attaquer les philosophes (*Mercure de France*, 15 octobre 1757). L'abbé de Saint-Cyr (1700-1761), qui avait une considérable influence sur son élève, était devenu son confesseur et appartenait aux jésuites. Il entra à l'Académie française en 1742.

5. Vraisemblablement le duc de La Vauguyon : Antoine-Paul-Jacques de Quelen était né à Tonneins le 17 janvier 1706. Ce militaire participa aux guerres de Succession de Pologne et d'Autriche, et devint brigadier, maréchal de camp, enfin lieutenant général après Raucoux et Lawfeld. Il fut nommé menin du dauphin en 1745, et devint gouverneur du duc de Bourgogne. Il fut fait duc et pair. Dans sa tâche éducative, il fut secondé par Coëtlosquet, le marquis de Sinety, l'abbé de Radonvilliers et Mme de Marsan, sœur du maréchal de Soubise. La Vauguyon et Mme de Marsan avaient la réputation d'être des faux dévots ; ils luttèrent contre Choiseul et favorisèrent l'ascension de la Du Barry. La Vauguyon mourut à Versailles le 4 février 1772.

Page 46

1. Ce « conte japonais » reprend tous les *topoï* de l'utopie classique : découverte d'un monde idéal par un observateur étranger, présence d'un vieillard-initiateur qui décrit favorablement une société entièrement planifiée, disparition des maladies, des contraintes matérielles, du désordre lié à l'individualisme. Mais ce conte reprend aussi toutes les ambiguïtés de l'utopie : cette société élitiste n'existe que pour trois cents jeunes gens et vieillards qui sont l'aristocratie d'un monde par ailleurs voué au travail : il faut des domestiques pour préparer et servir les repas, il faut des fidèles pour apporter les offrandes. D'autre part, les jeunes filles sont privées de liberté et réduites, au moins pour la nuit, au rang d'objets sexuels, puisqu'elles sont tirées au sort : or, s'il n'existe que des filles jeunes, il y a des religieux très âgés...

Quant à l'auteur de ce conte, il est difficile de se prononcer. La philosophie qu'on y trouve, mélange de sensualisme et de matérialisme (car le dieu Faraki n'existe que comme « fabricateur »), et le ton même rappellent certains écrits de Fréret, par exemple la *Lettre de Thrasybule à Leucippe*. Mais Fréret mourut en 1749, et la disparition du chevalier de Montaigu date de juin 1753...

2. Il ne peut guère s'agir que du duc de La Vallière, Louis-César de La Baume Le Blanc (1708-1780), petit-neveu de la maîtresse de Louis XIV, et grand fauconnier de Louis XV.

Page 47

1. Les recherches sur le pouls, commencées par Nihell et Solano, étaient à la mode : les *Recherches sur le pouls par rapport aux crises* de Bordeu datent de 1756, et les *Nouvelles Observations sur le pouls intermittent* par Daniel Cox, de 1760. Dans ces ouvrages certaines considérations font penser aux Diafoirus : on distingue alors le pouls « intermittent », le pouls « intestinal », « dur », « serré », « composé », etc. Les gouttes d'Hoffmann, inventées par Friedrich Hoffmann (dit « le jeune ») (1660-1742), médecin à l'université de Halle, étaient un calmant anodin. La plupart des dictionnaires médicaux de l'époque conseillent l'absorption de thé en cas d'indigestion, mais certains remèdes sont plus curieux, par exemple cette poudre recommandée par un *Dictionnaire portatif de santé* de 1759 : « D'yeux d'écrevisse, deux gros ; de cloportes en poudre, un gros ; de sel de quinquina, un demi-gros ; de sel d'absinthe, un gros. »

2. Les préoccupations d'argent reviennent fréquemment sous la plume de Mme du Hausset. Faute de pouvoir établir des équivalences constantes entre la monnaie de l'époque et celle d'aujourd'hui, rappelons que le louis vaut 24 livres (ou francs), la pistole 10 livres, l'écu 3 livres. La livre se subdivise elle-même en 20 sols, le sol en 12 deniers. L'inflation est presque inexistante. Un ouvrier moyen gagne de 250 à 300 livres par an, un curé à portion congrue de 300 à 500 livres, un professeur de 500 à 800 livres. Selon bien des témoignages, on vivait «fort bien» à Paris (c'est-à-dire dans une aisance relative) avec 5 000 à 6 000 livres par an. Un revenu de plus de 10 000 livres équivalait à une richesse apparente. Un présent de 20 louis (soit 480 livres) était trois fois supérieur aux émoluments annuels de Mme du Hausset.

Page 48

1. Un acquit-patent était un «brevet du roi scellé du grand sceau, portant gratification d'une somme d'argent et servant d'acquit et de décharge à celui à qui il s'adressait» (Littré).
2. Le château de Crécy fut acheté par Mme de Pompadour le 21 mai 1746 : la favorite aimait à quitter Versailles le plus souvent possible, et chaque année le roi passait quelques semaines dans cette résidence. Depuis sa construction par Louis Verjus de Crécy, le château avait été agrandi par Mme de Pompadour, qui avait également arrondi le parc. Le tout fut revendu en 1757 au duc de Penthièvre pour 1 750 000 livres.
3. Anne-Julie de Montmorency, marquise Rousselet de Château-Renaud, était une des plus fidèles compagnes de Mme de Pompadour. Anne-Marguerite-Gabrielle de Beauvau-Craon épousa en premières noces le prince de Lixin, et, veuve, se remaria avec le maréchal de Mirepoix. Elle était la sœur du prince de Beauvau (voir la note 1, p. 118), et fut dame du palais de la reine. C'est elle qui est nommée dans ces *Mémoires* «la maréchale» ou «la petite maréchale».

Page 49

1. Les Fontanieu, Gaspard-Moïse et son fils Pierre-Élisabeth, furent intendants des meubles de la couronne. Comme le fils mourut en 1784 à cinquante-trois ans, on suppose que Mme du Hausset parle du père.
2. Le dauphin fut atteint de la petite vérole en août 1752. L'inoculation n'était pas encore répandue en France, bien que

les débats entre médecins fussent très animés, mais elle était déjà monnaie courante en Angleterre.

3. Louis-Philippe, duc d'Orléans, était né le 12 mai 1725 ; il était le petit-fils du régent et le fils de Louis, duc d'Orléans (1703-1752), qui, tombé dans la dévotion, se retira à l'abbaye de Sainte-Geneviève en 1730, et devint un véritable érudit en langues orientales.

Louis-Philippe d'Orléans, d'abord appelé le duc de Chartres, servit sous Noailles durant la guerre de Succession d'Autriche. Il épousa en 1743 Louise-Henriette de Bourbon-Conti, célèbre depuis par ses écarts de langage et de conduite. Après la guerre, il devint gouverneur général du Dauphiné. Il était fort riche, et dépensa beaucoup en dons charitables. Il installa un théâtre chez lui, protégea Carmontelle, Saurin, l'acteur Collé. Veuf, il obtint du roi la permission d'épouser Mme de Montesson en 1773. Il mourut le 18 novembre 1785.

Contrairement à ce que prétend ici Mme du Hausset, le duc d'Orléans ne serait pas devenu l'héritier de la couronne : en août 1752, le dauphin avait déjà un fils, Louis-Joseph-Xavier, né l'année précédente, et dont on a vu qu'il mourut en 1761. Mais la situation n'en aurait pas moins été difficile : le duc d'Orléans eût pu devenir le régent présomptif jusqu'à la majorité de Louis-Joseph-Xavier, et comme son grand-père un demi-siècle plus tôt, il eût peut-être joué un rôle politique actif jusqu'à la mort du roi régnant.

4. Le roi d'Espagne était un Bourbon : c'était le petit-fils de Louis XIV qui était monté sur le trône de Madrid à la faveur de la guerre de Succession d'Espagne (1702-1713). Au moment de la maladie du dauphin, le roi d'Espagne régnant était le fils de Philippe V, Ferdinand VI. Bien que Philippe V eût, en son temps, solennellement renoncé à ses droits sur la couronne de France, il était tentant pour le cousin de Louis XV de s'emparer du plus riche royaume d'Europe. Il est vrai qu'une telle prétention eût immédiatement déclenché une coalition européenne contre un monarque soupçonné de prétendre, comme Louis XIV, à la monarchie universelle.

Page 50

1. Louise-Henriette de Bourbon-Conti, née en 1726, épousa en 1743 Louis-Philippe d'Orléans, alors duc de Chartres. Elle défraya la chronique scandaleuse de l'époque par ses multiples aventures amoureuses — mais qui ne choquaient pas vraiment le public : l'exemple venait de plus haut... Elle eut un

fils, Philippe-Joseph d'Orléans, qui se signala durant la Révolution sous le nom de Philippe-Égalité.
2. L'intrigue de la duchesse d'Orléans avec le comte de Melfort se déroula au vu et au su de toute la cour. Louis Drummont, comte de Melfort (1722-1789), devint lieutenant général. Il passait pour un des hommes les plus beaux et les plus forts de Versailles. Dufort de Cheverny rapporte qu'un jour ce chasseur enragé sauta sur une branche d'arbre de son cheval lancé en plein galop.

Page 51

1. Les jardins du Palais-Royal furent jusqu'à la Révolution un des hauts lieux de la prostitution parisienne. Il est donc inutile de se demander ce que faisait la duchesse d'Orléans, seule à huit heures du soir, dans ces jardins.
2. La même anecdote sur la duchesse d'Orléans est rapportée par Dufort de Cheverny. Louis-François Peirenc de Moras (1718-1771) fut nommé le 8 février 1757 ministre de la marine en remplacement de Machault. Il renonça le 25 août 1757 à la charge de contrôleur général qu'il possédait depuis le 25 août 1756, et qu'il avait d'abord conservée.
3. Le nom de la «camarade» de Mme du Hausset est resté inconnu jusqu'à ce jour. On sait que la seconde femme de chambre de Mme de Pompadour était, à la mort de la marquise, Jeanne Perceval, épouse Maret. Mais ce personnel n'était pas forcément stable... Le «Relevé des dépenses de Mme de Pompadour», publié en 1853, mentionne, après différents domestiques appelés par leur nom, trois femmes: «la Du Hausset, la Courtaget, la Neveu», chacune avec des gages de 150 livres par an. Peut-être l'une des deux dernières était-elle la «camarade» ici évoquée.
4. François de Chennevières (1699-1779) était un militaire qui écrivit sur son métier, et qui se montra par ailleurs un médiocre poète: il est l'auteur d'un ballet, *Célime ou le Temple de l'indifférence détruit par l'amour* (1756), et des *Loisirs de M. C...* en deux volumes (1764). Il entretint une correspondance avec Voltaire de janvier 1750 à octobre 1776.

Page 52

1. Voltaire avait, à partir du 8 août 1736, longuement correspondu avec Frédéric II de Prusse, qui l'admirait profondément. Le jeune roi, qui s'exprimait parfaitement en français, manifesta très tôt des prétentions littéraires, et surtout il

avait compris l'importance que les écrivains étaient en train d'acquérir dans la formation de l'opinion publique. Il s'efforça donc d'attirer à lui ceux d'entre eux qui ne pouvaient demeurer en France ou qui souhaitaient éviter des ennuis avec la censure : si d'Alembert refusa toujours de s'installer à Potsdam, Maupertuis devint le directeur de son Académie, et Voltaire lui-même s'expatria en 1750. Mais son idylle avec Frédéric ne dura pas : à la suite de démêlés avec La Beaumelle et Maupertuis, il dut quitter Berlin le 27 mars 1753, subit diverses avanies à Francfort et se réfugia ensuite à Genève.

2. Il s'agit de l'épître *Les Charmes de l'étude*, couronnée par l'Académie française en 1760 et publiée en 1761. Jean-François Marmontel (1723-1799) fut un bon poète mineur, dirigea le *Mercure de France*, publia ses *Contes moraux* (1761) et son roman *Bélisaire*. Il s'illustra à l'Opéra et à l'Opéra comique par des comédies et des comédies à ariettes dont Grétry et Piccinni écrivirent la musique.

3. Antoine Raudot, fils d'un inspecteur général de la marine pour les Flandres et la Picardie, fut intendant de la marine pour les classes à partir du 31 mai 1740. Il était chargé de la gestion des gens de mer et du matériel.

Page 53

1. Il s'agit de Michelle Jogues de Martainville, fille d'Isaac, ancien négociant à Cadix ; elle épousa Jean-Joseph Chicoyneau de La Valette, ancien conseiller au parlement, promu fermier général en 1753. Leur fils Jean-Baptiste eut pour parrain Machault d'Arnouville et pour marraine Mme de Pompadour.

2. Louise-Françoise de Clermont-Gallerande, veuve du marquis de Saint-Aignan, avait épousé Louis, duc de Villars-Brancas. Elle était surnommée « la grande ». Elle était survivancière de la charge de dame d'honneur de la dauphine, détenue par sa belle-fille Marie-Angélique Frémin de Moras, épouse de Louis-Antoine, duc de Villars-Brancas.

Page 54

1. Les macreuses sont des canards *(Oidemia)*, proches des eiders et des fuligules ; ils vivent dans les régions arctiques et sur les côtes de l'Europe septentrionale, d'où peut-être le jugement de Louis XV sur la froideur de sa maîtresse. La scène est à dater vraisemblablement de 1749 à 1751.

2. Le règne de Louis XV fut marqué par l'affrontement

sévère du pouvoir monarchique et des parlementaires, qui s'efforçaient d'acquérir un droit de regard sur la politique suivie par le roi. Faisant feu de tout bois, les parlements s'attaquèrent aux jésuites, proches de la cour, et défendirent par conséquent les positions de leurs ennemis, les jansénistes. Toute la discussion tournait autour de la Bulle *Unigenitus* condamnant le jansénisme, et datant du 8 septembre 1713. Après divers troubles, la querelle s'était assoupie en 1732, mais elle se réveilla au moment où, vers 1749, se multiplièrent les refus de sacrements provoqués par l'intransigeance de l'archevêque de Paris, Christophe de Beaumont : pour recevoir l'extrême-onction, les mourants devaient produire un billet de confession signé d'un prêtre approuvé, donc orthodoxe. Des remontrances du parlement furent publiées le 4 mars 1751, et envenimèrent le conflit ; après de nouvelles remontrances, le 9 avril 1753, Louis XV prit le parti de l'épreuve de force : quatre magistrats furent mis en prison, les membres des chambres des enquêtes et des requêtes furent dispersés en province ; la grand' chambre elle-même fut exilée à Pontoise. À son retour à Paris en septembre 1754, le parlement voulut reprendre la lutte. La lettre-encyclique *Ex omnibus* écrite par Benoît XIV en 1755 ne simplifia guère les choses, et la querelle reprit de plus belle en 1756. Aidé de Machault et poussé probablement par Mme de Pompadour, Louis XV opta à nouveau pour la manière forte : démissions forcées, déclaration impérieuse, exils... Le dernier épisode de la lutte fut, en 1771, la dispersion du parlement et l'institution d'une nouvelle compagnie par Maupéou le 13 avril.

Page 55

1. Pierre-Augustin Robert de Saint-Vincent (1725-1799), conseiller des enquêtes au parlement de Paris, demeura en charge jusqu'en 1771, et devint célèbre par son jansénisme agressif.

2. L'archevêque de Paris était Christophe de Beaumont, né en 1703 à La Roque, mort à Paris le 12 décembre 1781. Il fut successivement chanoine-comte de Lyon (1732), abbé de N.-D. des Vertus (Châlons-sur-Marne), évêque de Bayonne (1741), archevêque de Vienne (1745), enfin à partir de 1746 archevêque de Paris. Il se signala par son zèle antijanséniste, et fut exilé à trois reprises (en 1754 à Conflans, en 1758 à La Roque, en 1764 à la Trappe). C'est lui qui condamna la thèse de l'abbé de Prades (1752), l'*Esprit* d'Helvétius (1758), et l'*Émile* de

J.-J. Rousseau (1762). Ce prélat passionné était honnête, d'une grande piété, et menait une vie exemplaire.

3. Louis XIV avait intimé le silence aux parlements par sa déclaration du 24 février 1673. Pour obtenir que soit cassé le testament de Louis XIV, qui accordait la régence au duc du Maine, bâtard légitimé, Philippe d'Orléans dut faire des concessions : par une déclaration du 15 septembre 1715, il admettait un certain contrôle des parlements sur l'exécutif, et rétablissait le droit d'enregistrement.

4. Marie-Anne de Chaumont-Quitry, marquise d'Amblimont, née en 1736, avait épousé en 1754 Claude-Marguerite-François Renart de Fuschamberg, qui devait devenir chef d'escadre. Elle quitta la cour à l'avènement de la Du Barry, en 1769. Elle vécut à Bordeaux durant la Révolution et mourut à Saintes en 1812. Mme d'Esparbès de Lussan était née Toinard de Jouy. C'était une petite rousse au nez cassé et aux yeux myopes ; elle fut une des amies perfides de Mme de Pompadour, qui l'appelait « ma salope ».

5. Cet ancien page du comte de Toulouse, devenu gentilhomme de vénerie, s'appelait en réalité Jean-Marie Damblard de Lasmartres. Il devint premier piqueur du roi, qui l'appréciait beaucoup parce qu'il était infatigable à la chasse.

Page 56

1. Mme d'Esparbès tenta effectivement de supplanter Mme de Pompadour, eut son appartement à Marly et fut à la veille d'être «déclarée». Choiseul aurait ruiné son crédit en suggérant à Louis XV que la jeune femme avait divulgué autour d'elle les défaillances amoureuses du roi.

Page 57

1. Louis de Berton des Balbes de Quiers, duc de Crillon-Mahon, naquit en 1718. Il entra au service en 1731 dans la compagnie des mousquetaires gris. En 1733, il était lieutenant en second au régiment du Roi-Infanterie. Il participa à la guerre de Succession d'Autriche et à la guerre de Sept ans, se trouva à Fontenoy, fut blessé à Rossbach (5 novembre 1753) et devint lieutenant général. Au moment du pacte de famille, il entra au service de l'Espagne, prit Minorque et fut fait capitaine général des armées espagnoles. Il mourut duc de Mahon, à Madrid, en 1796.

2. Il pourrait bien s'agir de... Louis de Rouvroy, duc de Saint-Simon, le mémorialiste (1675-1755). Il avait reçu la Toi-

son d'or en 1722, en récompense de sa négociation pour le mariage du futur Louis XV avec Marie-Anne-Victoire, fille de Philippe V d'Espagne (mariage qui n'eut jamais lieu). Saint-Simon se vit privé de son appartement de Versailles en 1746, au moment de la mort de son fils aîné, et s'installa alors définitivement à Paris. Sa vanité nobiliaire est assez célèbre pour qu'il ne soit pas nécessaire d'y insister ici.

3. Colin (ou Collin) était un ancien procureur au parlement qui avait abandonné sa charge pour entrer au service de Mme de Pompadour. Il devint maître des comptes de l'ordre de Saint-Louis, ce qui lui permettait d'en porter la croix. Colin recevait 6 000 livres d'appointements par an, mais mourut ruiné : c'était un grand bibliophile et un collectionneur passionné.

Page 58

1. L'institution d'éducation de Saint-Cyr fut fondée par Mme de Maintenon en 1686 : sur la propriété du marquis de Brinon, achetée par Louis XIV, Mansart fit élever en un an les bâtiments de la « maison royale de Saint-Louis » que le roi inaugura le 29 août 1686. Les jeunes filles nobles et pauvres y étaient élevées « chrétiennement, raisonnablement et noblement », ce qui n'excluait pas certains divertissements : on sait que pour les élèves de l'école Racine écrivit *Esther* et *Athalie*. Mme de Maintenon, qui s'y était retirée en 1715, y mourut quatre ans plus tard. Mme de Pompadour y fit une visite en 1750. Rappelons que la fille de Mme du Hausset entra à Saint-Cyr en 1746.

2. La famille d'Alsace, originaire des Flandres, faisait remonter ses origines au XIIe siècle ; Alsace fut accolé au nom d'Hénin-Liétard à la fin du XVIIe siècle. Des deux branches de la famille, les Alsace-Saint-Fal et les Alsace-Chimay, c'est de la seconde qu'il s'agit ici. Peut-être l'écuyer de Mme de Pompadour fut-il Philippe-Gabriel d'Alsace, né en 1736, et dernier des princes de Chimay d'Hénin. Il mourut à Paris en 1802. Le cardinal d'Alsace, Thomas-Louis, était archevêque de Malines.

Page 59

1. Charles-Louis de Montmorency, duc de Luxembourg, naquit le 31 décembre 1702. Il suivit une carrière militaire, fut aide de camp de Louis XV, dont il demeura l'ami ; il accéda à la dignité de maréchal en 1757. De son premier mariage avec Mlle de Colbert-Seignelay, il eut une fille, la princesse de

Robecq, qui fut la maîtresse de Choiseul. Luxembourg se remaria avec Angélique de Neufville-Villeroy, et le couple protégea quelque temps J.-J. Rousseau à Montmorency.

2. Alexandrine-Jeanne Le Normand d'Étiolles, baptisée à Saint-Eustache le 18 août 1744.

3. L'une des cinq sœurs de Nesle, Pauline-Félicité de Mailly-Nesle, comtesse de Vintimille (1712-1741), maîtresse du roi, mourut en couches en donnant naissance, le 2 septembre 1741, à Charles-Emmanuel de Vintimille, marquis du Luc.

4. Charles-Emmanuel ne fut baptisé que le 19 décembre 1742. Il porta successivement les noms de M. de Savigny, de comte de Marseille, de marquis du Luc, et fut longtemps surnommé «le demi-louis». Il fut capitaine au régiment de Bourbon-Cavalerie, colonel au Royal-Corse, maréchal de camp des armées du roi (1780). Il épousa en 1764 Marie-Madeleine de Castellane-Esparron, émigra à la Révolution, devint à Turin le représentant des princes. Il mourut en 1814.

Page 60

1. Alexandrine-Jeanne mourut au couvent des Dames de l'Assomption, à Paris, le 14 juin 1754, sans doute d'une péritonite.

Page 61

1. Abel-François finit, en 1771, par épouser Marie-Françoise-Julie Filleul (1751-1822), que l'on disait fille clandestine de Louis XV. Les érudits pensent aujourd'hui que Marie-Françoise était en réalité la fille du fermier général Étienne-Michel Bouret. Le couple ne fut pas heureux.

Page 62

1. Cette peinture favorable de M. de Marigny n'est pas confirmée, loin de là, par tous les contemporains. Ainsi Dufort de Cheverny (qui, il est vrai, ne l'aimait pas, car tous deux s'étaient disputé le château de Cheverny et la lieutenance générale du Blaisois) trace-t-il de lui un portrait plus nuancé: «Très égoïste, brutal et d'une grande présomption, il faisait les honneurs de sa naissance tant qu'on voulait, pourvu qu'on fût convaincu qu'il valait beaucoup par son mérite. [...] Au milieu du dîner ou du souper, il traitait son maître d'hôtel comme un portefaix, jurant, criant dès qu'un plat était manqué, sans pudeur pour se mettre en colère lorsqu'une assiette tombait ou qu'un plat était mal placé.»... Toujours selon Dufort, à la mort

de sa sœur, «... Marigny ne put se masquer, il disait hautement: "Maintenant les coups de chapeau seront pour moi." Vilain dans tous les détails de cette immense succession, il envoya à la duchesse de Choiseul un petit chien qu'elle avait demandé en mémoire de son amie, en prenant, chose incroyable, la précaution de lui ôter son collier, parce qu'il était d'argent massif».

Page 63

1. Les fêtes du mariage du dauphin eurent lieu à la fin février 1745, mais on peut penser que la rencontre de Louis XV et de Mme Lenormand d'Étiolles se produisit en janvier. Mme Poisson, mère de Jeanne-Antoinette, habitait avec sa fille à l'hôtel de Gesvres, rue Croix-des-Petits-Champs, loué par Tournehem. Il est probable que, quelques jours auparavant, le mari avait été envoyé en tournée d'inspection en province (il avait été fait sous-fermier). Il ne revint que le 25 avril 1745.

Page 64

1. Le Parc-aux-Cerfs fut d'abord un enclos construit par Louis XIII à l'intérieur du parc de Versailles, pour le peupler de biches et de cerfs. Sous Louis XIV, on commença à bâtir dans le quartier. Au milieu du XVIIIe siècle, se dressait au 4 de la rue Saint-Médéric une petite maison adossée aux écuries des gardes du corps, entourée de murs, desservie par trois portes et deux impasses: un lieu tranquille. Le 25 novembre 1755, François Vallet, huissier-priseur au Châtelet de Paris, acheta pour le compte du roi cette maison qui comprenait au rez-de-chaussée une salle, une écurie et une cuisine, et au premier étage un salon avec alcôve, une chambre et deux cabinets de toilette. Contrairement à ce qu'on a parfois écrit, on ne pouvait loger au Parc-aux-Cerfs que deux pensionnaires, et le plus souvent une seule. On connaît le nom de certaines d'entre elles: Louise O'Murphy, la Fouquet, Mlle Hénault, Mlle Robert, la Nicquet, Mlle Romans. Le Parc-aux-Cerfs fut revendu pour 16 000 livres par le roi le 27 mai 1771, sans doute à la demande de Mme Du Barry, qui y avait peut-être passé quelques jours...

Page 65

1. Dominique-Guillaume Lebel, ancien concierge du château de Versailles, était devenu en 1744 premier valet de chambre du roi. Parfaitement débauché, il devint l'un des pourvoyeurs de Louis XV, toujours amateur de chair fraîche. Lebel mourut à

72 ans, en août 1768 : on prétendit qu'il avait été empoisonné par le clan de la Du Barry, qui souhaitait l'éliminer.

Page 66

1. Les *six-corps* étaient les corps de marchands les plus renommés : merciers, fourreurs, épiciers, drapiers, bonnetiers, orfèvres.

Page 67

1. Louis XV montra une certaine sollicitude pour ses enfants naturels, qui furent tous dotés ou établis ; selon les auteurs, les estimations vont de 12 à 22 enfants. Certains d'entre eux furent protégés par les filles légitimes du roi.

Page 69

1. Nicolas-René Berryer, fils d'un conseiller au parlement, naquit à Paris le 4 mars 1703. Il devint avocat général, conseiller au parlement (1731), maître des requêtes (1739) et fut nommé intendant de Poitiers en août 1743. Il accéda aux responsabilités de lieutenant de police en 1747. Il fut ensuite conseiller d'État, entra au conseil des dépêches, puis au conseil des finances, fut nommé secrétaire d'État à la marine en 1758, et garde des Sceaux en 1761. Il mourut le 15 août 1762. Berryer était haï par les Parisiens, pour avoir en particulier fait effectuer des rafles de vagabonds ; on disait que la populace avait juré de le tuer et de lui manger le cœur. Il avait établi en faveur de Mme de Pompadour un système d'espionnage, et on lui attribua une part dans la disgrâce de Maurepas et de d'Argenson.

Page 70

1. Marie-Anne-Louise-Adélaïde de Mailly avait épousé en 1750 Charles de Cambout, marquis de Coislin, maréchal de camp (1728-1771).

Page 71

1. Mlle Deschamps était une célèbre courtisane. Elle fut la maîtresse du duc d'Orléans et était fort riche : lorsqu'elle voulut faire faire des harnais de strass pour les six chevaux de sa voiture, le lieutenant de police la menaça de l'hôpital si elle exécutait son projet. Dufort de Cheverny, qui visita son hôtel de la rue des Gravilliers, en donne une description émerveillée. La Deschamps envoya sa vaisselle à la Monnaie et se ruina. Elle mourut pauvre et repentante à trente-cinq ans.

2. Élisabeth-Charlotte Huguet de Semonville avait épousé en 1732 le neveu de Lenormand de Tournehem. Ce cousin de Jeanne-Antoinette fut tué à la bataille de Dettingen, le 27 juin 1743. Sa veuve alla vivre à Paris, se rapprocha de la favorite qui l'associa à son triomphe et la prit comme compagne habituelle. Elle fit pour son propre compte des avances au roi. Mais surtout elle devint la maîtresse de d'Argenson, et communia bientôt avec ce dernier dans une haine féroce pour Mme de Pompadour. Tous deux tentèrent de jeter dans les bras du roi Mme de Choiseul-Romanet (voir note suivante). Après l'échec de ce complot, Mme d'Estrades continua d'intriguer jusqu'à ce qu'elle fût exilée, le 7 août 1755.

Page 72

1. La nièce de Mme d'Estrades s'appelait Charlotte-Rosalie Romanet. Comme elle était cousine éloignée de Mme de Pompadour, celle-ci lui fit en 1751 épouser François-Martial de Choiseul-Beaupré, auquel Louis XV accorda une place de menin du dauphin, et qu'il ne tarda pas à faire inspecteur général de l'infanterie. Selon son cousin Stainville, la jeune femme « avait un visage commun et l'air d'une fille entretenue qui a beaucoup d'usage du monde », mais Dufort de Cheverny, sans doute plus objectif, dit d'elle que « belle comme un ange, tendre, sage, fidèle, (elle) était un morceau de roi. On pouvait la comparer à Mlle de Fontanges sous Louis XIV ». Sans cesse accompagnant Mme d'Estrades et Mme de Pompadour, et manipulée par sa tante et d'Argenson, elle céda au roi. Mais François de Choiseul-Beaupré refusa, chose rare à l'époque, de jouer les maris complaisants, et s'ouvrit de son trouble à Stainville qui se procura des lettres du roi à sa cousine, et les mit sous les yeux de Mme de Pompadour... La favorite put ainsi demander une explication à son royal amant et Louis XV, honteux et vexé, fit amende honorable. Cet incident fut à l'origine de l'ascension de Stainville, qui ne tarda pas à devenir le duc de Choiseul. Quant à Mme de Choiseul-Romanet, elle fut éloignée en province par la famille et mourut en couches le 1er juin 1753.

Page 73

1. Il s'agit de Jean Du Barry, le « roué ». Né dans une bonne famille du Languedoc, c'était un aventurier, joueur, escroc et beau parleur. Il remplit quelques missions pour le compte de Rouillé, ministre des Affaires étrangères, et obtint l'adjudica-

tion des fournitures de vivres pour la Corse ; il y fit fortune tout en se livrant à la débauche. Pour se procurer des appuis à la cour, et connaissant les faiblesses de Louis XV, il fit une première tentative avec « Mlle Dorothée », et une autre réussie en 1768 avec celle qui devait devenir Mme Du Barry.

2. Les maladies vénériennes, que l'on confondait souvent sous le nom de « vérole », connaissaient une certaine recrudescence au milieu du XVIIIe siècle, du fait du développement de la prostitution et de la liberté des mœurs dans les milieux riches et aristocratiques. Les traitements pratiqués, à base d'injections ou de bains de mercure, se révélaient inefficaces et dangereux. C'est pourquoi les « amateurs » préféraient avoir affaire à des adolescentes de treize à quinze ans, estimant prendre ainsi moins de risques. Les « écrouelles » (nom vulgaire de la scrofule, et qui désignait alors toute sorte de suppurations et d'érythèmes) étaient, croyait-on, guéries par simple attouchement du roi très-chrétien. Le jour du sacre et chaque année à Pâques, à la Pentecôte, à la Toussaint et à Noël, le roi « touchait les écrouelles ».

Page 74

1. Philippe, marquis de Mouchy, puis comte de Noailles, né en 1715, devint maréchal de France en 1775. Il fut guillotiné le 27 juin 1794.

2. On distinguait les *jardins du château* (délimités par les réservoirs, le boulevard de la reine, les allées de Trianon et d'Apollon, la route de Saint-Cyr et la petite orangerie) ; le *petit parc*, d'une superficie de 1 700 hectares (il englobait le grand canal, la ménagerie, Trianon, la ferme de Gally, la pièce d'eau des Suisses), où seul le roi pouvait chasser ; enfin, le *grand parc*, ceint d'un mur de 43 kilomètres, d'une superficie de 6 000 hectares, et situé entre les plateaux de Satory et la forêt de Marly.

Page 75

1. Jean-François Boyer (1675-1755) fut évêque de Mirepoix (1730), et Louis XV le choisit en 1733 pour être précepteur du dauphin, sur lequel il exerça une grande influence. Il devint premier aumônier de la dauphine et, à la mort de Fleury, titulaire de la « feuille » (liste des bénéfices ecclésiastiques) qu'il transforma en outil de lutte contre les jansénistes.

Page 76

1. Charles-Louis-Auguste Fouquet, duc de Belle-Isle (1684-1761), entra aux mousquetaires en 1701, fut fait capitaine au Royal-Cavalerie en 1702, et participa à la guerre de Succession d'Espagne sous Catinat, Villars et Berwick. Il fut fait maréchal de camp en 1718, commanda ensuite en Moselle et dans les Trois-Évêchés, se battit en 1734-1736 sur le Rhin. Il fut nommé ambassadeur extraordinaire en Allemagne, pour soutenir la candidature à l'Empire du duc de Bavière : ce fut le début de la guerre de Succession d'Autriche. En 1741-42, après avoir pris Prague, il dut se replier devant Charles de Lorraine, et mena une retraite admirée de tous les stratèges. Il fut fait ministre d'État le 16 mai 1756, secrétaire d'État à la guerre en 1758. Il s'efforça de réformer l'armée, développa l'École militaire, et mourut en léguant au roi une partie de sa fortune.

2. Toussaint de Forbin de Janson (1625-1713) après ses études ecclésiastiques devint coadjuteur de l'évêque de Digne (1656), puis évêque titulaire (1658), évêque de Marseille (1662), fut nommé ambassadeur en Toscane, puis en Pologne où il fit élire Jean Sobieski. Celui-ci, reconnaissant, lui obtint du pape Alexandre VIII le cardinalat. Il fut ensuite ambassadeur à Rome, et rentra en 1706 en France pour y devenir grand-aumônier et évêque de Beauvais.

Page 77

1. Le Mercier de La Rivière naquit vers 1720 et acquit en 1747 une charge de conseiller au parlement. Il fut nommé intendant de la Martinique, et se fit à son retour un des thuriféraires les plus ardents de Quesnay. Il publia l'*Ordre naturel et essentiel des sociétés politiques (1767)*, et fut choisi par le prince Galitzin, au nom de Catherine, pour être le rédacteur du nouveau code civil. Mais il n'eut pas l'heur de plaire à l'impératrice, et rentra en France où il se borna à collaborer au *Journal d'agriculture* et à poursuivre ses recherches. Il mourut de vieillesse durant la Terreur.

Page 78

1. Mme d'Estrades fut exilée le 7 août 1755 et privée de sa charge de dame d'atour de Mesdames de France, sous le prétexte d'avoir mal parlé de Madame Adélaïde.

2. Charles-Philippe d'Albert, duc de Luynes (1695-1758), avait épousé en 1710 Louise-Léontine-Jacqueline de Bourbon-Soissons, princesse de Neufchâtel et de Vallengin ; elle mourut

en 1721. Il se remaria le 13 janvier 1732 avec Marie Brulart, fille du premier président au parlement de Bourgogne (et veuve du marquis de Charost tué à Malplaquet); celle-ci devint trois ans plus tard dame d'honneur de la reine et sa meilleure amie. Elle mourut en 1763 à 79 ans.

Page 79

1. Louis-Nicolas-Victor de Félix, comte Du Muy (1711-1775), était menin du dauphin. Il devint sur le tard ministre de la guerre (1774) et maréchal de France. Il était si attaché au dauphin qu'il demanda à être enterré à Sens au pied de son ancien maître. Condorcet dit plus tard de lui qu'il était «un des plus sots et des plus méchants hommes du royaume».

Page 80

1. Victor Riquetti, marquis de Mirabeau, naquit en 1715. Après une assez brillante carrière militaire, il se passionna pour l'étude de la politique, fréquenta ministres et commis, et réunit chez lui tous les mardis les partisans de Quesnay qu'il regardait comme son maître. Il épousa en 1743 Marie-Geneviève de Vassan, et se montra avec elle un mari particulièrement tyrannique et avare; il eut aussi de grands conflits avec son cinquième fils, né en 1749 (Honoré-Gabriel, le futur révolutionnaire). Mirabeau publia *L'Ami des hommes* (1755), la *Théorie de l'impôt* (1760), la *Philosophie rurale* (1764), des *Lettres sur le commerce des grains*, etc. Il collabora aussi au *Journal d'agriculture* et aux *Éphémérides du citoyen*, et mourut en 1789.

2. Dans la pensée économique de Quesnay, seule la terre est productrice de richesse; chaque année les récoltes nouvelles apportent un *produit* : dans son *Tableau économique*, Quesnay fixe le montant de cette reproduction à 5 milliards. De ces 5 milliards, il faut déduire les *avances annuelles*, capital engagé par les producteurs et les artisans pour payer les dépenses d'exploitation : 3 milliards au total. Le reste, soit 2 milliards, est le *produit net*, «le revenu qui se partage au souverain, aux décimateurs et aux propriétaires».

3. Aimar-François-Michel de Nicolaï, évêque de Verdun de 1754 à 1769. Il fut exilé dans son diocèse en novembre 1756.

4. Charles Pinot Duclos, né à Dinan en 1704, appartenait à une génération antérieure à celle des «philosophes» qui s'illustrèrent au milieu du siècle. Il fit de bonnes études à Paris et publia de nombreux romans. Il fut aussi historien et succéda à Voltaire dans sa place d'historiographe du roi après son

départ pour la Prusse. Il écrivit l'*Histoire de Louis XI* (1745), et les *Mémoires secrets des règnes de Louis XIV et Louis XV*. Enfin, il composa les *Considérations sur les mœurs de ce siècle* que beaucoup considérèrent comme un des ouvrages essentiels du XVIIIe siècle. Duclos entra aux Inscriptions en 1739, à l'Académie française en 1747.

Page 81

1. Jean-Jacques Le Franc, marquis de Pompignan, naquit à Montauban le 17 août 1709. Après des études brillantes sous le P. Porée, il devint avocat général de la cour des Aides, premier président, conseiller d'honneur au parlement de Toulouse. Après un riche mariage, il se consacra à la littérature. Le 10 mars 1760, dans son discours de réception à l'Académie française, il s'attaqua violemment aux philosophes : on pense qu'il souhaitait ainsi s'attirer les grâces des milieux dévots de la cour, et peut-être devenir le précepteur des enfants du dauphin. Une quinzaine de jours après, parurent les *Quand*, petit libelle féroce de Voltaire, qui se terminait ainsi : « Quand on est admis dans un corps respectable, il faut dans sa harangue cacher sous le voile de la modestie l'insolent orgueil qui est le partage des têtes chaudes et des talents médiocres. » Pendant plusieurs semaines, Voltaire, qui excellait dans le genre, s'acharna sur Pompignan et, aidé de l'abbé Morellet, le rendit tellement ridicule que Pompignan, après s'être plaint, se retira en province. Il mourut en 1784.
2. Ce vers est extrait de *La Vanité*, un des libelles de Voltaire : le fait qu'il ait été proféré aux dépens de Pompignan par le dauphin montre à quel point les attaques contre l'imprudent avaient porté.
3. Il s'agit de la *Théorie de l'impôt*, publiée à Paris en 1760. Mirabeau fut emprisonné durant cinq jours.

Page 82

1. À cette époque le lieutenant de police n'était plus Berryer, mais Antoine-Raymond de Sartine. Né en 1729, il avait été conseiller au Châtelet (1752), lieutenant criminel puis lieutenant général de police (1759). Il devint maître des requêtes (1759), conseiller d'État (1769), et secrétaire d'État à la marine de 1774 à 1780. Il mourut en exil en Espagne le 7 septembre 1801. Il se montra dans ses fonctions plus efficace que son prédécesseur, mais dans la conjoncture des années 1758-60, très défavorable aux philosophes, il fut mal à l'aise pour

mener la répression, car il éprouvait de l'amitié pour plusieurs encyclopédistes, en particulier Diderot.

Page 85

1. Tacite, *Histoires*, I, 30. Le texte exact est le suivant :
«*Stupra nunc et commissationes et feminarum coetus volvit animo; haec principatus praemia putat...*» («Des attentats aux mœurs, de scandaleux festins, des sociétés de femmes, voilà ce qu'il rêve; c'est cela qu'il considère comme les privilèges du pouvoir» [trad. H. Goezler, coll. G. Budé].) Dans le texte de Tacite, il s'agit du portrait d'Othon par Pison, son ennemi.

2. Si elle est authentique, cette lettre date vraisemblablement de 1761 : il y est fait allusion au renvoi de Machault et de d'Argenson et à l'élévation de Choiseul à «trois ministères». Pourtant, cette lettre serait, d'après Mme du Hausset, très antérieure à la suivante, qui date certainement de 1760 ou 1761 (dédicace de *Tancrède* par Voltaire). C'est pourquoi son authenticité nous paraît douteuse : l'hypothèse selon laquelle «le gouvernement peut se trouver, dans vingt ou trente ans, miné dans toutes ses parties et crouler avec fracas» est trop belle pour n'être qu'une spéculation : il est toujours facile d'être prophète *a posteriori*. Par son éloge de d'Argenson et de Machault, par sa critique des financiers et du rôle de l'argent, par ses attaques contre les encyclopédistes et les physiocrates, la lettre semble provenir des milieux de l'administration : il ne serait pas impossible qu'elle ait été rajoutée après coup aux notes de Mme du Hausset par Sénac de Meilhan, qui reçut le manuscrit de M. de Marigny, et qui fut conseiller au grand conseil, lecteur du dauphin, maître des requêtes (1764), intendant à La Rochelle, en Provence, en Hainaut. Sénac de Meilhan (1736-1803) écrivit d'abondance sur les causes de la Révolution, et dans son ouvrage *Du gouvernement, des mœurs et des conditions en France avant la Révolution*, on trouve des analyses très proches — au mot près — de celle de la lettre anonyme.

Page 86

1. *Tancrède* fut composée en 1759-1760, et jouée le 3 septembre 1760 à la Comédie-Française. Dans sa longue épître dédicatoire, datée de Ferney, 10 octobre 1759, Voltaire s'efforça de défendre le genre tragique. La rédaction de cette dédicace répondait à des buts bien précis, puisque le 27 octobre 1760, l'auteur écrivait à son ami d'Argental : «Vous

aurez la dédicace, que je fortifierai de quelque nouvelle outrecuidance, car il faut montrer aux sots que les philosophes ont autant d'appui que les persécuteurs des philosophes, et de meilleurs appuis. »

2. «*Caillette* : personne frivole et babillarde» (Dictionnaire *de l'Académie*, 1762).

Page 87

1. Voltaire avait négocié avec d'Argenson, un de ses correspondants habituels, l'attribution d'une charge de gentilhomme ordinaire de la chambre du roi et d'historiographe (mars 1745). Il obtint ces places le 1er avril avec une pension de 2 000 livres. Mais il ne sut pas résister aux offres de la sirène qu'était Frédéric : en butte à l'hostilité du clan dévot de la cour et incapable de se refaire une popularité, il préféra quitter Versailles, revendit 60 000 livres sa place de gentilhomme (qu'il n'avait pas payée !) et se rendit en juillet 1750 à Potsdam. Frédéric le nomma son chambellan, le fit chevalier de l'ordre du mérite et lui accorda une pension de 20 000 livres.

2. Le 5 janvier 1757, à cinq heures et demie de l'après-midi, comme il s'apprêtait à se rendre à Trianon, Louis XV fut frappé d'un coup de stylet par Robert-François Damiens, un déséquilibré. La blessure n'était pas très grave, mais les médecins saignèrent le roi à deux reprises, ce qui l'affaiblit. Très choqué par l'événement, le roi laissa durant quelques jours le dauphin gouverner à sa place. Le soir de l'attentat, la foule de Versailles cria sous les fenêtres du château : «Vive Louis le Bien-Aimé ! », mais aussi : «Mort à la Pompadour ! ».

3. En 1744, en pleine guerre de Succession d'Autriche, Louis XV s'était placé à la tête de ses armées et avait emmené Mme de Châteauroux assister à quelques batailles. Cette Mme de Châteauroux, de son vrai nom Marie-Anne de Mailly-Nesle, née en 1717, était veuve du marquis de La Tournelle, et avait été introduite à la cour par sa sœur Mme de Mailly, qu'elle avait remplacée dans le lit du roi en 1741. Lorsque Louis XV tomba malade à Metz le 8 août 1744, il fut terrorisé par son entourage, en particulier par l'archevêque de Soissons, Mgr de Fitz-James, qui exigea une confession publique et l'éloignement immédiat de Mme de Châteauroux. Le roi eut la faiblesse d'obéir... pour s'en repentir quelques jours plus tard. Mme de Châteauroux retrouva la faveur de Louis XV en novembre 1744, mais mourut le 8 décembre de la même année : on parla d'empoisonnement.

Page 88

1. Pour Saint-Florentin, voir la note 1, p. 100. Le contrôleur général des finances était François Peirenc de Moras dont il a été question à la note 2, p. 51. Antoine-Louis Rouillé (1689-1761) fut conseiller au parlement, maître des requêtes (1718), intendant du commerce (1725), conseiller d'État (1744), puis secrétaire d'État à la marine (1749). Au moment de l'attentat de Damiens, il était secrétaire d'État aux Affaires étrangères ; il n'avait guère les capacités de sa charge, et dut démissionner le 24 juin 1757 pour laisser la place à Bernis.

2. De nombreux témoignages vont dans le même sens : si Louis XV resta prostré neuf jours, c'est parce qu'il avait peur : «Ce qu'il y eut de singulier dans cette peur, c'est que le roi n'avait qu'une égratignure, qui n'aurait pas empêché un autre, avec le courage le plus médiocre, d'aller souper à Trianon, comme il se le proposait lorsqu'il fut blessé» (Choiseul, *Mémoires*).

Page 89

1. À Paris, Mme de Pompadour avait acheté en 1753 pour 500 000 livres l'hôtel d'Évreux, appartenant à Louis-Godefroy de La Tour d'Auvergne. L'hôtel n'était pas achevé, et il n'avait même pas d'escalier. La favorite n'y habita guère. Cet hôtel, construit dans le quartier où résidaient les financiers et les fermiers généraux, est aujourd'hui le palais de l'Élysée.

2. Charles de Rohan, prince de Soubise et d'Épinay, duc de Ventadour (1715-1787), suivit une carrière militaire. Grâce à la faveur de Mme de Pompadour, il fit épouser à sa fille en 1753 le prince de Condé, ce qui le faisait parent du roi et provoqua un scandale. Il se comporta honorablement durant la guerre de Succession d'Autriche, mais s'enfuit, pendant la guerre de Sept ans, à la rencontre de Gotha (octobre 1757) et fut écrasé à Rossbach (5 novembre). L'armée le détestait, autant pour son incompétence que pour sa faveur auprès de la favorite. En 1758, il remporta les batailles de Sundershausen (13 juillet), puis de Lutzelberg (10 octobre), qui lui valurent le bâton de maréchal. À la bataille de Fillinghausen, où de Broglie fut battu, les deux généraux se reprochèrent mutuellement des erreurs : de Broglie fut exilé. Soubise mit rapidement fin à sa carrière militaire et se signala par sa flagornerie : il fut un des premiers à accepter de recevoir Mme Du Barry.

3. À Metz, pendant la maladie du roi, le duc de Richelieu avait pris parti pour Mme de Châteauroux et lui avait conseillé

Notes 211

de tenir bon. D'après Dufort de Cheverny, Machault fut probablement «manœuvré» en 1757 par la famille royale, qui désirait l'éloignement de la favorite. Selon une autre interprétation, le garde des Sceaux aurait été le fidèle interprète de la volonté du roi : Louis XV aurait ainsi succombé à la pression de son entourage — ou aurait été sur le point de le faire — et se serait ensuite lavé de ce péché en renvoyant Machault...

Page 90

1. Machault fut exilé en réalité le même jour que d'Argenson. Tout ce récit est donc à prendre avec circonspection et renferme de nombreuses erreurs.
2. Mme d'Estrades avait été renvoyée le 7 août 1755. Dix-huit mois plus tard, la rencontre de d'Argenson et de Mme de Pompadour eut lieu le 12 ou 13 janvier 1757. D'Argenson fut exilé dans sa propriété des Ormes le 2 février : ce n'est donc pas «le surlendemain», mais trois semaines après l'entretien.

Le renvoi de d'Argenson et de Machault donna lieu à une petite comédie : tous deux se détestaient. Or Machault avait appris par une indiscrétion, le 1er février 1757, qu'il serait renvoyé le lendemain — et d'Argenson apprit également l'infortune de son rival. Il s'installa donc dans son cabinet, de façon à surveiller la porte de Machault, pour assister à l'arrivée de M. de Saint-Florentin, l'émissaire du roi, et à profiter ainsi de la déconvenue de son ennemi. Mais au même instant, Rouillé lui porta la lettre du roi qui l'exilait aux Ormes...

Page 91

1. On a beaucoup épilogué sur cette lettre que d'Argenson aurait écrite à sa maîtresse. Dans le contexte d'espionnage généralisé de la cour, il paraît étonnant qu'un ministre expérimenté ait commis une telle erreur. Peut-être s'agit-il d'un faux, forgé de toutes pièces dans l'entourage de Mme de Pompadour, ou encore par Jannel.
2. Jean-Potentien d'Arboulin fut administrateur général des postes de 1759 à 1779, et fut fait secrétaire du cabinet du roi en 1769. Il mourut le 25 décembre 1784. Il était l'oncle des deux Bougainville, l'aîné secrétaire perpétuel de l'Académie des inscriptions, le cadet grand navigateur.

Page 94

1. Bon-Pierre-Charles Frey de Neuville (1693-1774) et son frère Pierre-Claude Frey de Neuville (1692-1773) étaient des

jésuites chargés de responsabilités importantes dans l'ordre, comme Jean-Pierre-Dominique de Tiremois de Sacy (1689-1772), et furent mêlés à l'affaire de la banqueroute Lavalette. L'abbé Henri-Philippe de Chauvelin était né en 1716. Il était chanoine de Notre-Dame, était devenu en 1738 conseiller au parlement. C'était un janséniste, ardent ennemi des jésuites. Il mourut en 1770.

Page 95

1. Le comte de Saint-Germain a fait couler beaucoup d'encre. La présence de cet aventurier est attestée en Angleterre en 1745-46 : il était probablement chargé d'une mission d'espionnage au profit de la France. On le voit réapparaître en France douze ans plus tard, en 1756-57 ; peut-être séjourna-t-il auparavant aux Indes, ce qui expliquerait sa possession d'un stock de pierres précieuses. Il obtint en 1758 de M. de Marigny la permission d'occuper un logement à Chambord et d'y effectuer des expériences chimiques. En février 1760, chargé, semble-t-il, d'une mission diplomatique secrète par Louis XV et le maréchal de Belle-Isle, il séjourna à Amsterdam, puis à La Haye où il fut victime des imprudences de Casanova, de la susceptibilité de l'ambassadeur d'Affry et de sa propre inexpérience. Choiseul, mis au courant de l'équipée, le désavoua, et Saint-Germain passa en Angleterre pour n'être pas arrêté. Puis il s'installa à Ubbergen, près de Nimègue, voyagea en Russie au moment de la prise du pouvoir de Catherine, et après diverses tentatives industrielles en Belgique, disparut à nouveau pendant douze ans. Lié au mouvement maçonnique allemand et à diverses sectes illuministes, Saint-Germain se retira auprès du landgrave Karl, prince de Hesse-Cassel, à Slesvig. Il mourut le 27 février 1784, âgé d'environ quatre-vingt-huit ans.

Page 96

1. Jacques-Vincent Languet, comte de Gergy, fut ambassadeur à Venise de 1723 à 1731, et non au début du siècle (la scène ici rapportée par Mme du Hausset se situe vers 1758 ou 1759).

Page 99

1. L'hôtel de Mme de Pompadour à Versailles, qui se trouvait près du château, est l'actuel hôtel des Réservoirs. Il communiquait avec le palais par une galerie souterraine.

Page 100

1. Louis Phélypeaux, comte de Saint-Florentin puis, à partir de 1770, duc de La Vrillière, était né à Paris le 18 août 1705. Son père avait été secrétaire d'État, et Louis Phélypeaux lui succéda, battant d'ailleurs le record de longévité à son poste (cinquante ans moins deux mois). Il fut secrétaire-commandeur des ordres du roi, chancelier-garde des Sceaux de la reine (1743), ministre d'État (1751). Il fut aussi membre honoraire des Académies des inscriptions et des sciences. Il mourut le 27 février 1777. Saint-Florentin, qui fut en 1770 un des artisans de la chute de Choiseul, avait fait enfermer par lettre de cachet le mari de sa maîtresse, la Sabbatin.

Page 101

1. L'expression signifie « avec une folle confiance » ; elle est moins vulgaire qu'on ne croirait, et Mme de Sévigné par exemple l'emploie à plusieurs reprises.

Page 102

1. Cette affirmation est totalement inexacte. Il est certain — Choiseul l'admet dans ses *Mémoires* — que des motifs d'irritation personnelle ont pu pousser le roi à écouter favorablement les ouvertures de Kaunitz, négociateur de Marie-Thérèse et de son envoyé Starhemberg. Mais la raison véritable du renversement des alliances est à placer dans le jeu diplomatique européen : en s'alliant avec l'Angleterre, Frédéric II obligeait la France à se tourner vers la seule autre grande puissance directement intéressée dans le conflit, l'Autriche. « Sans partialité aucune, en approfondissant les différents événements possibles, je crois qu'en homme politique il a été très bien fait de conclure un traité avec la cour de Vienne et de déranger le système de l'Angleterre, et que ceux qui ont désapprouvé la liaison politique avec la cour de Vienne ne l'ont désapprouvée qu'après que le traité a été fait, sans avoir calculé ni approfondi les inconvénients qu'il y aurait eu de ne pas le faire » (Choiseul, *Mémoires*).

2. George Keith, maréchal héréditaire et généralement connu sous le nom de « milord Maréchal », était né vers 1682 et avait, à l'avènement de George Ier, pris parti pour le prétendant Stuart. Contraint de quitter l'Angleterre, il voyagea en Europe, se fixa à Venise, puis entra au service de Frédéric II dont il fut l'ambassadeur en France de 1751 à 1754. Il se retira alors à Sans-Souci et mourut en 1778 à quatre-vingt-seize ans.

Il est surtout connu dans l'histoire littéraire pour avoir été l'ami de J.-J. Rousseau, qui s'exprime ainsi sur son compte : « La grande âme de ce digne homme, toute républicaine et fière, ne pouvait se plier que sous le joug de l'amitié : mais elle s'y pliait si parfaitement qu'avec des maximes bien différentes il ne vit plus que Frédéric du moment qu'il lui fut attaché » (*Confessions* XII). C'est en 1752 que d'Alembert se vit attribuer une pension par Frédéric II.

Page 103

1. Maurice, chevalier puis comte de Courten (1692-1766), mena une grande carrière militaire qui lui valut le grade de lieutenant général (1748) et l'insigne de grand croix de Saint-Louis. Il remplit des missions diplomatiques en Prusse et en Autriche.

2. Jean Le Rond d'Alembert, fils de Mme de Tencin et du chevalier Destouches « Canon », commissaire provincial d'artillerie, naquit en 1717. Il devint après de brillantes études un des grands mathématiciens du XVIIIe siècle, un des artisans de l'*Encyclopédie*, et avec Voltaire un des principaux animateurs de la lutte conte l'« Infâme ». Il demeura toute sa vie relativement pauvre.

3. Madame Adélaïde, quatrième fille et sixième enfant de Louis XV, était née le 23 mars 1732. Contrairement à la coutume qui voulait que les filles du roi séjournent à l'abbaye de Fontevrault, Marie-Adélaïde fut élevée à Versailles par la reine elle-même et Mme de Tallard. Elle fit rapidement partie du clan hostile à Mme de Pompadour et, plus tard, à Mme Du Barry, et appartenait avec son frère le dauphin à la coterie des jésuites. Plus tard, elle exerça une certaine influence sur son neveu Louis XVI, puis se retira à Bellevue, voyagea, et quitta finalement la France avec sa sœur, Madame Victoire. Elle mourut pauvre à Trieste, le 18 février 1800.

Page 104

1. La bataille de Rossbach eut lieu le 5 novembre 1757. La France, isolée diplomatiquement après que l'Angleterre et la Prusse eurent signé le traité de Westminster (16 janvier 1756), avait été contrainte de se rapprocher de l'Autriche (traités de Versailles, 1er mai 1756 et 1er mai 1757) ; Louis XV voulait aider Marie-Thérèse à récupérer la Silésie, perdue à la guerre de Succession d'Autriche, et souhaitait s'emparer du Hanovre, « tête de pont » anglaise sur le continent. Mais c'était compter sans la résolution et le talent militaire de Frédéric II, qui

contre-attaqua immédiatement et, un moment menacé, renversa la situation en remportant Rossbach et, un mois après, Leuthen (25 décembre 1757), qui provoquèrent l'effondrement moral de Bernis, auteur avec Mme de Pompadour du renversement des alliances.

Page 105

1. Il s'agit de la bataille de Lutzelberg, donnée le 10 octobre 1758.
2. L'opinion publique fut féroce pour Soubise, et les chansons furent nombreuses pour brocarder son incapacité et le soutien de la Pompadour. En voici trois :

> Soubise vient d'être battu.
> Il s'est de désespoir, la tête la première,
> Précipité dans la rivière,
> Mais les Poisson l'ont soutenu.

> Ô Frédéric! fier de ton entreprise,
> Ne vante pas tant tes exploits,
> Tu n'as pas vaincu les Français,
> Tu n'as battu que l'inepte Soubise.

> Frédéric, combattant et d'estoc et de taille,
> Quelqu'un, au fort de la bataille,
> Vint lui dire : « Nous avons pris...
> — Qui donc? — Le général Soubise.
> — Oh! morbleu, dit le roi, tant pis!
> Qu'on le relâche sans remise.
> Je connais du sujet l'importance et le prix,
> Et sa présence ici me deviendrait contraire,
> Au lieu qu'il m'est très nécessaire
> À la tête des ennemis. »

3. François-Ange Lenormand de Mézy fut du 1er juin au 1er novembre 1758 intendant général de la marine, adjoint au ministre Claude-Louis de Massiac.

Page 106

1. Michel-Étienne Turgot de Sousmont (1690-1751), conseiller, puis président au parlement de Paris, avait été prévôt des marchands de 1729 à 1740, et avait laissé le souvenir d'une gestion avisée et efficace. Celui des fils Turgot dont il s'agit ici est Michel-Jacques Turgot d'Ussy, marquis de Sousmont, baron d'Étrepagny (1719-1773), qui devint maître des

requêtes le 5 avril 1743, et président à mortier au parlement de Paris le 5 mai 1747. Rappelons que son frère Anne-Robert-Jacques Turgot de Brucourt (1727-1781) fut le célèbre contrôleur général des finances.

2. C'est Louis VI «le Gros» (1081-1137).

3. La famille Turgot, originaire de Normandie, était connue depuis 1437, et avait été anoblie par les fiefs en 1472 en vertu de la charte de Louis XI.

Page 108

1. Chrétien II (1722-1773) était duc de Deux-Ponts depuis 1735. Il avait fini par épouser une danseuse de l'Opéra, Mlle Gamache, à laquelle il avait donné le nom de comtesse de Forbach, et dont il avait eu deux enfants.

Page 109

1. Charles-Guillaume Lenormand d'Étiolles, mari répudié de Mme de Pompadour, avait solennellement protesté par-devant notaire en 1746 contre la violence qui lui était faite. Il finit par trouver un *modus vivendi* avec la marquise : Lenormand de Tournehem lui donna sa charge de fermier général et Charles-Guillaume s'installa dans un bel hôtel de la rue Grange-Batelière ; il obtint également (début juillet 1754) la direction générale des postes (qui rapportait 200 000 livres), à condition de rétrocéder aux Baschi la moitié du profit. Il se consola de son infortune en vivant avec des danseuses et des femmes de mœurs légères, dont la célèbre Vestris.

C'est en 1754 qu'il fit la connaissance d'une jeune figurante du corps de ballet de l'Opéra, Marie-Anne-Étiennette Raime (et non Rem, comme l'écrit Mme du Hausset), âgée de seize ans. Sa mère était une prostituée, ce qui permit à l'opinion publique de confondre les deux femmes, et donna lieu à ce quatrain qui courait les rues :

> Pour réparer *miseriam*
> Que Pompadour fit à la France,
> Lenormand, plein de conscience,
> Vient d'épouser *rem publicam*.

Lenormand s'installa avec la jeune femme dans une maison qu'il possédait entre le chemin de Madrid et le Bois de Boulogne, mais il ne pouvait épouser Marie-Anne, puisqu'il était officiellement marié à Mme de Pompadour. Les enfants nés de cette liaison furent appelés Charles-Marie de Neuilly (1755),

Charles-Étienne (1758), et Lenormand réussit à la faveur d'un imbroglio juridique à changer l'état civil de sa maîtresse, encore mineure, pour la soustraire à l'influence de sa mère. Les deux amoureux vécurent ensuite au château de Baillon, près de Chantilly, à l'hôtel de la Grange-Batelière...

En 1762, à la suite d'une réforme de la Ferme générale, il fut demandé à Lenormand d'Étiolles de se démettre de ses fonctions et d'investir ses capitaux au Trésor royal — ce qu'il fit : il s'agissait là probablement d'un marché passé en accord avec la marquise. C'est à cette époque que, soucieuse de respectabilité, cette dernière tenta de convaincre « la Rem » d'user de son influence pour faire partir Lenormand à Constantinople. Il est curieux que Mme de Pompadour, qui n'ignorait rien de la vie privée de son mari, ait cru qu'il allait se prêter à cette manipulation : il vivait heureux à Paris et venait d'avoir un troisième enfant (1760).

Page 110

1. Il s'agit du marquis de Voyer, fils du comte d'Argenson, ministre de la guerre. La scène eut lieu en décembre 1746 ou janvier 1747, puisque c'est avec *Tartuffe* que Mme de Pompadour inaugura son théâtre des petits appartements (17 janvier 1747). *Tartuffe* fut rejoué l'année suivante, le 10 janvier 1748.

Page 111

1. Christophe de Beaumont, archevêque de Paris.

Page 113

1. Le *pharaon* est un jeu de cartes, et désigne aussi le tripot où il se déroule.
2. Pierre-Honoré Robbé de Beauveset (1714-1794) ne rédigea guère que des poèmes libertins et érotiques (*Le Débauché converti*, etc.), et reçut en 1768 une nouvelle pension, de Louis XV cette fois.

Page 118

1. Charles-Juste de Beauvau (1720-1793) fit une grande carrière militaire, participa à la conquête de Minorque, devint lieutenant général en 1758, fut nommé en 1763 gouverneur du Languedoc, et fut élevé à la dignité de maréchal en 1783. Il entra à l'Académie française en 1771.

Page 120

1. Joseph Pâris-Duverney était le troisième des quatre frères Pâris. Il fut sous le règne de Louis XV une sorte de conseiller occulte en matière financière, et mourut en 1770 en laissant une grosse fortune au comte de La Blache, qui plaida contre Beaumarchais.

Page 121

1. Le premier médecin du roi fut Eustache Marcot (1686-1755), successeur d'Astruc à Montpellier, puis J.B. Sénac (1693-1770), dont il s'agit ici.
2. Jean Moreau de Séchelles (1690-1760) fut conseiller au parlement de Metz, maître des requêtes (1719), intendant du Hainaut (1727), de Flandre (1743), et contrôleur général des finances du 30 juillet 1754 au 24 avril 1756.

Page 122

1. Berryer mourut à Versailles le 15 août 1762.
2. Louis-Marie Fouquet, comte de Gisors, était né le 27 mars 1732. Il fut blessé à la bataille de Crefeld, le 26 juin 1758. Il était colonel au régiment de Champagne et gouverneur de Metz.
3. Citation inexacte de *La Henriade*, chant VIII, vers 318-319 :
« Il l'aimait, non en roi, non en maître sévère
Qui souffre qu'on aspire à l'honneur de lui plaire
Et de qui le cœur dur et l'inflexible orgueil
Croient le sang d'un sujet trop payé d'un coup d'œil. »

Page 131

1. Il s'agit là du frère du comte d'Argenson : René-Louis de Voyer de Paulmy, marquis d'Argenson (1694-1757), qui fut successivement maître des requêtes (1718), conseiller d'État (1720), intendant du Hainaut (1720), conseiller au conseil des finances (1744) et secrétaire d'État aux Affaires étrangères de 1744 à 1747.

Page 134

1. « *Porreau* : petite excroissance charnue, dure, indolente, sans changement de couleur, élevée sur la peau comme un petit pois » (*Dictionnaire portatif de santé*, Paris, 1759).

Page 135

1. Catherine-Charlotte-Thérèse de Gramont, duchesse de Ruffec (1705-1755), épousa tour à tour Philippe-Alexandre de Bournonville et Jacques-Louis de Rouvroi de Saint-Simon. Elle apparaît dans les *Mémoires* de Casanova où elle tente — en vain — de violer l'auteur.

Page 140

1. Nicolas-Augustin de Malbec de Montjoc, marquis de Bridge, était premier écuyer du roi et capitaine des Haras. On trouvera en annexe le récit de son aventure avec la présidente Portail.

Page 141

1. La princesse de Robecq, fille du maréchal de Luxembourg, fut au centre de l'affaire de la comédie des *Philosophes* (cf. les *Confessions* de Rousseau et les *Mémoires* de l'abbé Morellet).

Page 142

1. Choiseul fut nommé colonel général des Suisses et Grisons le 24 février 1762 ; il dut se démettre de sa charge en décembre 1771.

Page 143

1. Anne Coupiers de Romans (Grenoble 1737-Versailles 1808) entra au Parc-aux-Cerfs en 1761 et devint la maîtresse du roi. Son fils naquit en janvier 1762. La Romans fut promue baronne de Meilly-Coulonge et épousa, le 30 mai 1772, Gabriel de Siran, marquis de Cavanac.

Page 144

1. L'enfant, né à Passy le 13 janvier 1762, fut baptisé le lendemain à Chaillot. L'acte de baptême fut signé de la main du roi : il faut souligner que c'est le seul de ses enfants illégitimes que Louis XV reconnut ainsi explicitement. À la mort de Mme de Pompadour, la Romans, poussée par un abbé de Lustrac, commença à intriguer pour se faire « déclarer ». En septembre 1765, elle fut enfermée dans un couvent, et son fils lui fut enlevé pour être placé au collège de Ponleroi. En 1774, Louis XV se fit présenter l'enfant, et l'envoya au séminaire de Saint-Magloire. C'était un bon étudiant, et il fut adopté par Mesdames de France. Il fut pourvu de grosses abbayes, devint

chanoine de Notre-Dame de Paris, et mourut à Naples de la petite vérole, le 22 février 1787.

Page 146

1. Ce sont de célèbres chanteurs d'opéra : Pierre Jélyotte (1710-1788) fut une haute-contre renommée, créa de nombreux rôles dans les opéras de Rameau, Gluck et Piccinni, et fut professeur de chant de Mme de Pompadour. Marie Fel (1713-1794) chanta à l'Opéra et au concert spirituel, eut pour élèves Mlle Clairon et Sophie Arnould, et fut trente ans durant la compagne de Quentin La Tour. Gaetano Majorano, dit «Caffarelli» (1710-1783), était un castrat italien qui fit ses études sous Porpora, joua dans des opéras de Pergolèse, Leo, Hasse, Gluck... ; très applaudi, il parcourut l'Europe à partir de 1739, et séjourna en France une partie de l'année 1753.

INDEX

ADÉLAÏDE (Madame), fille de Louis XV, 103, 104, 205, 214.
AFFRY (M. d'), 164, 212.
AIGLE (comte de L'), 50.
ALCIBIADE, 120.
ALEMBERT (Jean Le Rond, dit d'), 87, 103, 187, 196, 214.
ALSACE (Thomas-Louis, cardinal d', archevêque de Malines), 58, 199.
AMBLIMONT (Marie-Anne de Chaumont-Quitry, marquise d'), 23, 55, 56, 77, 99, 100, 142, 198.
ARBOULIN (Jean-Potentien d'), 91, 109, 211.
ARGENSON (Pierre-Marc de Voyer de Paulmy, comte d'), 34, 41, 72, 76, 77, 78, 84, 90, 91, 110, 131, 176, 185, 186, 190, 203, 208, 209, 211, 218.
ARMAGNAC (Françoise-Adélaïde de Noailles, princesse d'), 149.
AUMONT (Louis-Marie-Augustin, duc d'), 38, 188.
AYEN (Louis, duc d'), 42, 63, 102, 103, 123, 149, 191.

BASCHI (famille de), 32, 42, 180, 216.
BASSOMPIERRE (maréchal de), 143.
BEAUMONT (Christophe de, archevêque de Paris), 55, 111, 112, 113, 114, 197, 217.
BEAUVAU (Charles-Juste, maréchal, prince de), 118, 140, 193, 217.
BELLE-ISLE (Charles-Louis-Auguste Fouquet, maréchal, duc de), 24, 76, 104, 122, 123, 155, 164, 165, 176, 183, 205, 212.
BERNIS (François-Joachim de Pierre, abbé, puis cardinal de), 24, 33, 34, 74, 75, 76, 88, 89, 90, 94, 118, 119, 134, 140, 155, 176, 182, 183, 184, 210.
BERRYER (Nicolas-René, lieutenant de police), 25, 34, 50, 51, 55, 69, 77, 121, 142, 185, 202, 207, 218.

BERTRAND (Mme, « abbesse » du Parc-aux-Cerfs), 64, 65, 66.
BOILEAU (Nicolas, dit Boileau-Despréaux), 86, 87.
BONTEMPS (Mme, devineresse), 95, 134, 136, 139.
BOURGOGNE (Louis-Joseph-Xavier de France, duc de, fils du dauphin), 17, 40, 131, 189, 191.
BOYER (Jean-François, évêque de Mirepoix), 75, 204.
BRANCAS (Louise-Françoise de Clermont-Gallerande, duchesse de), 17, 23, 50, 53, 54, 88, 94, 95, 118, 196.
BRIDGE (Nicolas-Augustin de Malbec de Monjoc, marquis de), 140, 169, 219.
BROGLIE (Charles-François, comte de), 35, 36, 37, 186, 187, 210.
BROGLIE (Charles-Maurice, abbé de), 37, 64, 187.
BRUNSWICK (Louis, duc de), 164.

CAFFARELLI (Gaetano Majorano, dit), 146, 220.
CATHERINE II, 166, 205, 212.
CAUMONT LA FORCE (Marie-Louise de Noailles, duchesse de), 149.
CAYLUS (Marthe-Marguerite Le Valois de Villette de Murçay, Mme de), 31, 174.
CHARLES QUINT, 159.
CHÂTEAU-RENAUD (Anne-Julie de Montmorency, marquise Rousselet de), 23, 48, 193.
CHÂTEAUROUX (Marie-Anne de Mailly-Nesle, veuve du marquis de La Tournelle, duchesse de), 20, 87, 168, 169, 190, 209, 210.
CHAUVELIN (Henri-Philippe, abbé de), 94.
CHENNEVIÈRES (François de), 51, 52, 195.
CHIMAY D'HÉNIN (Philippe-Gabriel d'Alsace, prince de), 58, 59, 199.
CHOISEUL (Étienne-François, comte de Stainville, duc de), 17, 24, 34, 35, 36, 37, 72, 83, 84, 119, 123, 134, 140, 141, 142, 143, 148, 149, 150, 155, 163, 164, 165, 176, 182, 183, 184, 185, 186, 187, 191, 198, 200, 201, 203, 208, 212, 213, 219.
CHOISEUL-BEAUPRÉ (Charlotte-Rosalie de Romanet, comtesse de), 71, 72, 183, 201, 203.
CLAIRAUT (Alexis Claude), 87.
COISLIN (Marie-Anne-Louise-Adélaïde de Mailly, marquise de), 70, 71, 202.
COLBERT (Chevalier), 50, 51.
COLIN, Intendant de Mme de Pompadour, 57, 58, 59, 86, 105, 147, 199.

Index

CONDÉ (Louis II de Bourbon, dit le grand), 130.
CONTI (François Louis de Bourbon, prince de), 131, 183, 186.
COURTEN (Maurice, chevalier de), 103, 214.
CRÉBILLON (Claude, dit le fils), 87.
CRÉBILLON (Prosper Jolyot, sieur de Crais-Billon, dit), 87.
CRILLON (Louis de Berton des Balbes de Quiers, duc de, puis duc de Mahon), 57, 198.

DAMIENS (François-Robert), 18, 107, 111, 176, 181, 191, 209, 210.
DESCHAMPS (Mlle, courtisane), 71, 202.
DESTOUCHES (Philippe Néricault, dit), 87.
DEUX-PONTS (Chrétien II, comte de Sponheim, duc de), 108, 216.
DOROTHÉE (Mlle, maîtresse de Jean Du Barry), 73, 204.
DU BARRY (Jean, comte), 73, 203.
DU BARRY (Jeanne Bécu de Vaubernier, comtesse), 184, 190, 191, 198, 201, 202, 204, 210, 214.
DU CHIRON (Mme), 93, 94, 146, 147.
DUCLOS (Charles Pinot), 80, 108, 130, 131, 132, 206, 207.
DU MUY (Louis-Nicolas-Victor de Félix, comte), 79, 81, 118, 206.
DUVERNEY voir PÂRIS-DUVERNEY.

EGMONT (Amable-Angélique de Villars, comtesse Pignatelli d'), 132, 133.
ESPARBÈS DE LUSSAN (Mme d'), 55, 56, 198.
ESTILLAC (Mme d'), 100.
ESTRADES (Élisabeth-Charlotte Huguet de Semonville, comtesse d'), 17, 71, 72, 77, 78, 91, 154, 186, 203, 205, 211.
ESTRÉES (Victor-Marie, comte de Cœuvres et duc d'), 121.

FEL (Mlle), 146, 220.
FLEURY (cardinal de), 76, 175, 186, 187, 204.
FONTANIEU (Gaspart-Moïse de), 49, 193.
FONTENELLE (Bernard Le Bovier de), 87.
FRANÇOIS Ier, 95, 96, 159.
FRÉDÉRIC II, roi de Prusse, 102, 103, 119, 166, 195, 209, 213, 214, 215.
FREY (le P., jésuite), 94, 211.

GERGY (comtesse de), 96.
GERGY (Jacques-Vincent Languet, comte de), 212.

GONTAUT (Charles-Antoine-Armand, marquis de Biron, duc de), 17, 35, 40, 55, 56, 77, 78, 89, 92, 97, 98, 99, 102, 107, 110, 111, 112, 118, 125, 135, 138, 142, 146, 148, 149, 183, 185.
GOURBILLON, valet de chambre de Mme de Pompadour, 48, 57, 107.
GOWER (milord), 160.
GRAMONT (Béatrix de Choiseul, duchesse de), 35, 149, 184.
GRILLE (bailli de), 169.
GUIMARD, valet de chambre de Louis XV, 62, 63, 65, 66, 67, 114.

HENRI III, 123.
HENRI IV, 115.
HENRI VIII, 159.
HESSE-CASSEL (Karl, prince de), 166, 212.
HUS (Jan), 81.

INFANTE (Madame) voir LOUISE-ÉLISABETH.

JANSON (Toussaint de Forbin, cardinal de), 76, 205.
JANNEL (Robert, intendant des postes), 25, 34, 71, 185, 211.
JÉLYOTTE (Pierre), 146, 220.
JÉRÔME DE PRAGUE, 81.
JULIEN L'APOSTAT, 119.

KAUNITZ (Wenceslas-Antoine, comte de Reitberg, prince de), 120, 213.
KEITH (George, connu sous le nom de « milord Maréchal »), 102, 103, 213.
KINSKI (princesse de), 141.

LA CHAUSSÉE (Pierre Claude Nivelle de), 87.
LA FARE, 131.
LA MARK (Marie-Anne de Noailles, comtesse de), 150.
LAMBERT (chevalier), 33, 158.
LAMBERT (Mme de), 158.
LA MOTTE (général), 47, 87.
LANDSMATH (Jean-Marie Damblard de Lasmartres, dit, officier de vénerie), 55, 198.
LA RIVIÈRE (Paul-Pierre Le Mercier de), 77, 123, 180, 205.
LAVALLIÈRE (Louise Françoise de La Baume Le Blanc, duchesse de), 73.

La Vauguyon (Antoine-Paul-Jacques de Quelen, duc de), 42, 80, 191.
Lebel, valet de chambre de Louis XV, 65, 66, 71, 73, 201.
Lenormand de Mézy (François-Ange), 105, 215.
Lenormand d'Étiolles (Charles-Guillaume-Borromée, époux de Mme de Pompadour), 109, 176, 180, 216, 217.
Longueville (Anne Geneviève de Bourbon-Condé, duchesse de), 130.
Louis de France, dauphin, 33, 41, 42, 49, 50, 63, 74, 80, 81, 100, 101, 102, 118, 125, 169, 176, 179, 182, 186, 190, 191, 193, 194, 201, 203, 205, 206, 207, 209, 214.
Louis XIV, 60, 73, 76, 80, 84, 86, 87, 102, 105, 115, 131, 144, 175, 188, 190, 192, 194, 198, 199, 201.
Louise-Élisabeth de France (duchesse de Parme, dite Madame Infante, fille de Louis XV), 33, 182.
Luc (Charles-Emmanuel-Marie-Madelon de Vintimille, marquis du, fils naturel de Louis XV), 59, 60, 200.
Lucrèce, 162.
Lusace (comte de), 33, 182.
Luxembourg (Charles-Louis de Montmorency, duc de), 59, 200, 219.
Luynes (Marie Brulart, veuve du marquis de Charost, duchesse), 78, 79, 206.

Machault d'Arnouville (Jean-Baptiste de), 24, 31, 33, 59, 84, 88, 89, 90, 116, 155, 176, 181, 185, 195, 196, 197, 208, 211.
Madame Adélaïde voir Adélaïde.
Madame Infante voir Louise-Élisabeth.
Maine (Louis Auguste de Bourbon, duc du), 131, 143, 198.
Maintenon (Françoise d'Aubigné, marquise de), 58, 74, 174, 199.
Malvoisin (M. de), 147.
Marie Ire Stuart, 96.
Marie-Josèphe de Saxe, dauphine, 33, 42, 182, 191, 196.
Marigny (Abel-François Poisson, marquis de Vandières, puis de), 25, 32, 35, 38, 41, 60, 75, 83, 86, 87, 89, 90, 98, 102, 103, 105, 113, 115, 123, 124, 149, 168, 173, 180, 181, 200, 201, 208, 212.
Marmontel (Jean-François), 52, 196.
Marsan (Mme de), 143, 191.
Martainville (Michelle Jogues de), 53, 196.
Maupertuis (Pierre Louis Moreau de), 87, 196.
Melfort (Louis Drummont, comte de), 50, 195.

MIRABEAU (Victor Riquetti, marquis de), 80, 81, 82, 123, 180, 206, 207.
MIREPOIX (Anne-Marguerite-Gabrielle de Beauvau-Craon, maréchale, duchesse de), 48, 49, 74, 89, 98, 118, 143, 144, 146.
MIREPOIX (évêque de), voir BOYER.
MOLIÈRE, 33.
MONTAIGU (chevalier de, menin du dauphin), 41, 42, 190, 192.
MONTESPAN (Françoise Athénaïs de Rochechouart de Mortemart, marquise de), 73, 74.
MONTESQUIEU (Charles de Secondat, duc de La Brède et de), 87.
MONTMARTEL voir PÂRIS DE MONTMARTEL.
MORAS (Louis-François Peirenc de), 51, 195, 210.

NICOLAÏ (Aimar-François-Michel de, évêque de Verdun), 80, 206.
NOAILLES (Philippe, marquis de Mouchy, puis comte de), 74, 75, 107, 120, 204.

OLIVET (Pierre Joseph Thoulier d', abbé de), 87.
ORLÉANS (Jean-Philippe, chevalier d', fils naturel du régent), 133.
ORLÉANS (Louis-Philippe Ier, duc d'), 49, 50, 51, 194, 195, 202.
ORLÉANS (Louise-Henriette de Bourbon, princesse de Conti, duchesse d'), 50, 51, 194, 195.
ORLOF (Alexis, comte), 165.

PÂRIS DE MONTMARTEL (Jean), 23, 39, 174, 175, 176, 188.
PÂRIS-DUVERNEY (Joseph), 23, 120, 176, 218.
PIRON (Alexis), 87.
POLIGNAC (Melchior de, cardinal de), 87.
POMPIGNAN (Jean-Jacques et Jean-Georges Le Franc de), 81, 207.
PORTAIL (président), 169, 219.
POUSSE (le docteur), 49.
PRÉVOST D'EXILES (abbé Antoine François, dit l'abbé Prévost), 87.
PUIBUSC (chevalier de), 59.

QUESNAY (François), 25, 31, 32, 35, 38, 39, 40, 46, 47, 48, 52, 54, 61, 76, 79, 80, 81, 82, 88, 89, 94, 97, 103, 105, 106, 110, 116, 121, 123, 148, 179, 180, 188, 205, 206.

Index

RACINE (Jean), 86, 87, 199.
RAMEAU (Jean-Philippe), 161, 220.
RAUDOT (Antoine), 52, 196.
REM (Marie-Anne-Étiennette Raime, dite Mlle, maîtresse de Lenormand d'Étiolles), 109, 216, 217.
RENARD (le docteur), 148.
RICHELIEU (Louis-François-Armand Vignerot Du Plessis, duc de Fronsac, puis de), 41, 43, 89, 121, 168, 169, 189, 190, 191, 210.
ROBECQ (Anne-Marie de Luxembourg, princesse Montmorency de), 141, 200, 219.
ROBERT DE SAINT-VINCENT (Pierre-Augustin), 55, 197.
ROMANS (Anne Coupiers, dite de), 143, 144, 145, 201, 219.
ROUILLÉ (Antoine-Louis), 88, 210, 211.
ROURE (Mme de), 150.
RUFFEC (Catherine-Charlotte-Thérèse de Gramont, duchesse de), 135, 139, 219.

SACY (le P. de, jésuite), 94, 212.
SAINT-AULAIRE, 131.
SAINT-CYR (l'abbé Claude-Odet Giry de), 42, 191.
SAINT-FLORENTIN (Louis Phélypeaux, comte de, puis duc de La Vrillière), 88, 100, 101, 116, 138, 210, 211, 213.
SAINT-GERMAIN (N..., soi-disant comte de), 16, 95, 96, 97, 118, 119, 124, 130, 156, 157, 158, 160, 161, 163, 164, 165, 166, 182, 212.
SARTINE (Antoine-Raymond de), 82, 185, 207.
SAXE (Maurice, comte, puis maréchal de), 41, 104, 120, 189.
SÉCHELLES (Moreau de), 121, 218.
SÉNAC (J.B., médecin de Louis XV), 121, 218.
SOLAR (bailli de), 163.
SOSENT (chevalier de), 107.
SOUBISE (Charles de Rohan, prince de), 89, 104, 105, 120, 142, 143, 176, 182, 186, 191, 210, 215.
SOUVRÉ (marquis de), 109.

TENCIN (Pierre Guérin, cardinal de), 37, 76, 187.
TURGOT (Michel-Jacques, marquis de Sousmont, baron d'Étrepagny), 105, 180, 215.

VALLIÈRE (Louis-César de La Baume Le Blanc, duc de La), 46, 95, 192.

Verdun, voir Nicolaï.
Villars (Amable-Gabrielle de Noailles, duchesse de), 133, 149.
Vintimille (Pauline-Félicité de Mailly-Nesle, comtesse de), 59, 154, 200.
Voltaire (François-Marie Arouet de), 51, 52, 81, 86, 87, 122, 174, 182, 195, 196, 206, 207, 208, 209, 214.
Voyer (Marc-René, marquis de Voyer de Paulmy d'Argenson, connu sous le nom de marquis de), 110, 217.

Avertissement	7
Préface	9
Mémoires sur la cour de Louis XV	29
Annexes	151
Appendices	171
Notes	173
Index	221

DANS LA MÊME COLLECTION

CARDINAL DE BERNIS, *Mémoires*

COMTESSE DE BOIGNE, *Mémoires, tome I. Du règne de Louis XVI à 1820*

COMTESSE DE BOIGNE, *Mémoires, tome II. De 1820 à 1848*

MADAME CAMPAN, *Mémoires de la Première femme de chambre de Marie-Antoinette*

ABBÉ DE CHOISY, *Mémoires*

CONSTANT, *Mémoires intimes de Napoléon Ier, tome I*

CONSTANT, *Mémoires intimes de Napoléon Ier, tome II*

LORENZO DA PONTE, *Mémoires*

PRINCESSE DASCHKOFF, *Mémoires*

MADAME D'ÉPINAY, *Les Contre-Confessions, histoire de Madame de Montbrillant, tome I*

MADAME D'ÉPINAY, *Les Contre-Confessions, histoire de Madame de Montbrillant, tome II*

MADAME D'ÉPINAY, *Les Contre-Confessions, histoire de Madame de Montbrillant, tome III*

MADAME DE LA FAYETTE, *Histoire de Madame Henriette d'Angleterre*

MARGRAVE DE BAYREUTH, *Mémoires*

DUCHESSE DE LA ROCHEFOUCAULD, *Lettres à William Short*

MARQUISE DE LA TOUR DU PIN, *Mémoires (1778-1815), suivi de sa Correspondance (1815-1846)*

GÉNÉRAL BARON DE MARBOT, *Mémoires, tome I*

GÉNÉRAL BARON DE MARBOT, *Mémoires, tome II*

JEAN MARTEILHE, *Mémoires d'un galérien du Roi-Soleil*

ABBÉ MORELLET, *Mémoires*

BARONNE D'OBERKIRCH, *Mémoires sur la cour de Louis XVI et la société française avant 1789*

PRINCESSE PALATINE, *Lettres (1672-1722)*

SAMUEL PEPYS, *Journal*

COURTILZ DE SANDRAS, *Mémoires de Monsieur d'Artagnan*

MADAME DE STAAL-DELAUNAY, *Mémoires sur la société française au temps de la Régence*

Composition Interligne.
Impression Société Nouvelle Firmin-Didot.
à Mesnil-sur-l'Estrée, le 2 septembre 2002.
Dépôt légal : septembre 2002.
Numéro d'imprimeur : 60807.

ISBN 2-7152-2355-2/Imprimé en France.

12638